T0118239

LR

HECEAS | AKTUELLE DEBATTE | Band 03

Hg. vom Heidelberger Centrum
für Euro-Asiatische Studien e.V.

Reichert Verlag Wiesbaden 2007

Christof Hartmann

Wandel durch Wahlen?

Wahlen, Demokratie und politischer Wandel in der arabischen Welt

Reichert Verlag Wiesbaden 2007

Bibliografische Information der Deutschen Nationalbibliothek
Die Deutsche Nationalbibliothek verzeichnet diese Publikation in der Deutschen Nationalbibliografie; detaillierte bibliografische Daten sind im Internet über
http://dnb.ddb.de abrufbar.

Umschlaggestaltung und Illustration:
Anne Sommer-Meyer und Michel Meyer, Weinheim
ISBN13: 978-3-89500-539-8
www.reichert-verlag.de
www.heceas.org

Printed in Germany

Inhaltsverzeichnis

1. Einleitung 1
2. Wahlen in der arabischen Welt: Ein Überblick 13
2.1 Eine kurze Wahlgeschichte der arabischen Welt 13
2.2 Parlamentswahlen 18
2.2.1 Die Präsidialrepubliken 19
2.2.2 Die Monarchien 29
2.2.3 Die Sonderfälle Libanon, Palästina und post-Saddam Irak 38
2.3 Präsidentschaftswahlen 43
2.4 Kommunalwahlen 49
3. Wer darf wählen? Probleme politischer Partizipation 55
3.1 Rechtliche Einschränkungen 55
3.2 Politisch-administrative Einschränkungen 60
4. Wer darf gewählt werden? Probleme politischer Repräsentation und Integration 63
4.1 Strategien im Umgang mit den Islamisten 63
4.2 Die Repräsentation von Minderheiten und Frauen 73
4.3 Die Bedeutung politischer Parteien 77
4.4 Das Boykottdilemma der Opposition 79
5. Worüber entscheiden Wahlen überhaupt? 83
5.1 Die Illusion des Machtwechsels 83
5.2 Die Rolle der gewählten Parlamente 93
6. Wahlen als Diktat des Westens? 99
7. Wandel durch Wahlen in der arabischen Welt? 109
Kurzbibliografie 117
Glossar 119

1. Einleitung

An der Jahreswende 2005/2006 sorgten zwei Wahlen für beträchtlichen Gesprächsstoff unter Beobachtern des Vorderen Orients: Am 15.12.2005 fanden im Irak die ersten Parlamentswahlen statt, die auf der Grundlage der im Oktober 2005 verabschiedeten Verfassung durchgeführt wurden. Mit dem neugewählten Parlament verbanden sich folglich alle Hoffnungen und Befürchtungen über die Zukunft eines demokratischen Gemeinwesens im Irak. Am 25.1.2006 kam es bei den Wahlen zum Parlament der Palästinensischen Autonomiebehörde zu einem in diesem Ausmaß unerwarteten Sieg der radikalislamischen Hamas-Partei, die 74 der 132 Sitze gewann und in der Folge ihr Führungsmitglied Ismail Haniya zum Regierungschef wählen konnte.

Die große Aufmerksamkeit, die diesen beiden Ereignissen zuteil wurde, hing weniger mit der erstaunlich demokratischen Qualität der Urnengänge zusammen als vielmehr mit den potentiellen regionalen und internationalen Auswirkungen der Wahlergebnisse, gerade auch für die Lösung der internationalisierten Gewaltkonflikte in beiden Ländern. Die Wahlen waren jedoch trotz der jeweils sehr unterschiedlichen Ausgangslage auch in ihrer Bedeutung für die innenpolitische Entwicklung höchst bemerkenswert. Die palästinensische und die irakische Wahl unterschieden sich nämlich von allen anderen Parlamentswahlen, die bis dahin in der Region durchgeführt worden waren, in einem wesentlichen Punkt: Ihr Ausgang war offen und der Sieger der Wahlen stand nicht von vornherein fest. Im Unterschied zur Wahl in Algerien 1991 wurde eine oppositionelle Bewegung auch nicht durch den Eingriff der Armee um ihren Wahlsieg gebracht. In demokratischen Staaten gilt die Unsicherheit über den Wahlausgang wie auch die Möglichkeit der Opposition, die Regierung bei Wahlen abzulösen, als konstitutiver Bestandteil des politischen Prozesses.

Die der arabischen Welt gewidmete politikwissenschaftliche Forschung hat trotz gegenteiliger Behauptungen der jeweils Herrschenden stets den demokratischen Charakter der Regime in diesem Teil der Welt bestritten. Zwar hätten viele Regierungen in den letzten zwanzig Jahren ihre politischen Systeme ein Stück weit geöffnet und auch Wahlen durchgeführt, bei denen mehrere Kandidaten und Parteien zur Auswahl stünden. Dies alles bedeute aber, so die herrschende Meinung, keineswegs einen ersten oder gar automatischen Schritt hin zu einer wirklichen Demokratisierung der arabischen Staaten. Ganz im Gegenteil handele es sich um taktische Manöver, die primär den Interessen der Regierenden dienten, ohne die Mitbestimmung der Bevölkerung zu erweitern.

Deuten nun die Wahlen im Irak und in Palästina in eine andere Richtung? In diesem Buch sollen die jüngsten Ereignisse in eine vergleichende Perspektive gerückt werden, die ein nuancierteres Urteil über den möglichen Bedeutungswandel von Wahlen erlaubt. Dabei wird sich zeigen, dass die arabische Welt ein weitaus vielfältigeres Bild bietet als es die pauschalen Urteile über die vermeintliche Demokratiefeindlichkeit der Region nahelegen. Andererseits gibt es für die im Gefolge des US-Einmarsches in den Irak zu hörenden Triumphmeldungen über den bevorstehenden Siegeszug der liberalen Demokratie in der arabischen Welt bisher auch wenig Anhaltspunkte. In einigen, auch massiv von den USA unterstützten Staaten wird nach wie vor überhaupt nicht gewählt, oder die Wahlen bleiben augenfällig hinter demokratischen Standards zurück, von anderen wesentlichen demokratischen Errungenschaften wie Rechtsstaatlichkeit oder Meinungsfreiheit ganz zu schweigen.

Zur arabischen Welt sollen im Folgenden die 16 unabhängigen Staaten Marokko, Algerien, Tunesien, Libyen, Ägypten, Libanon, Syrien, Jordanien, Irak, Saudi-Arabien, Kuwait, Bahrain, Katar, Vereinigte Arabische Emirate, Oman und Jemen sowie die Palästinensische Autonomiebehörde (PA) gezählt werden. Die Einbeziehung der PA stellt kein Urteil über den endgültigen völkerrechtlichen Status Palästinas in den derzeitigen Grenzen dar, sondern beruht auf dem empirischen Argument, dass es eine autonome und international anerkannte Regierung gibt, die ein staatsähnliches Territorium im Prinzip souverän verwaltet.

Wahlen in der arabischen Welt zu untersuchen, hat den unbestreitbaren Vorteil, dass diese Gruppe von Ländern hinsichtlich ihrer historischen Entwicklung, Sozial- und Wirtschaftsstruktur viele Gemeinsamkeiten hat. Es hat allerdings den Nachteil, drei Staaten des Nahen und Mittleren Ostens aus der Beobachtung auszuschließen, nämlich die nicht-arabischen Staaten Türkei, Israel und Iran, die alle auf eine lange, wenn auch z. T. sehr problematische Erfahrung mit Wahlen und politischer Partizipation zurückblicken können. Die innenpolitische Entwicklung in diesen drei Ländern hat weitreichende Auswirkungen auf die Wahlpraxis arabischer Staaten der Region gehabt, entweder als Kolonialmacht, die politische Institutionen schuf, administrative Einheiten festlegte und informelle Normen etablierte (Türkei), als Besatzungsmacht, die Partizipationsrechte vorenthielt und zur innenpolitischen Polarisierung in vielen Nachbarstaaten beitrug (Israel), oder schließlich als Vorbild einer islamischen Revolution, die mit Wahlen und Partizipation vereinbar schien und insbesondere die schiitischen Parteien und Milizen in den arabischen Ländern massiv unterstützte, zum Leidwesen der sunnitischen Regime (Iran). So sinnvoll es daher gewesen wäre, auch diese drei Länder mit einzubeziehen, hätte dies jedoch den Rahmen des Buches gesprengt und die Möglichkeit zu einer vergleichenden Bewertung der politischen Entwicklungen erschwert.

Worin könnte nun die Bedeutung von Wahlen für die politische Entwicklung der arabischen Staaten liegen? Die für den europäischen Beobachter naheliegendste Antwort auf diese Frage ist die Bestimmung der wesentlichen Funktionen, die Wahlen in einer repräsentativen Demokratie haben:

Danach entscheiden Wahlen darüber, wer die politische Herrschaft in einem Staat ausüben darf; zugleich legitimieren sie diese politische Herrschaft. Die regelmäßige Durchführung von Wahlen begrenzt diese Übertragung von Herrschaft und wirkt als Kontrollmechanismus. Umstrittener ist, ob Wahlen auch direkt die Funktion der Politikgestaltung haben oder letztlich nicht primär darüber entscheiden, wer die Politik gestalten soll. Da eine Regierung befürchten muss, nicht wiedergewählt zu werden, wenn sie die Präferenzen ihrer Wähler kontinuierlich missachtet, haben demokratische Wahlen jedoch immer auch einen direkten Einfluss auf die inhaltliche Gestaltung der Politik.

Obwohl zur Demokratie mehr gehört als Wahlen, kann es ohne diese, ohne den offenen Wettbewerb gesellschaftlicher Kräfte und politischer Gruppen um die politische Macht keine Demokratie geben. Für die Masse der Bevölkerung stellt sie meist die einzige Form der Teilnahme am politischen Prozess dar, da Wahlen weniger aufwendig sind als andere Formen der politischen Partizipation (wie Mitgliedschaft in Parteien und Verbänden oder Beteiligung an Bürgerinitiativen). In der politikwissenschaftlichen Diskussion gibt es folglich wenig Zweifel an der zentralen Bedeutung fairer und freier Wahlen für eine demokratische Ordnung.

Fraglich ist nun aber, ob diese Funktionen von Wahlen in der arabischen Welt relevant sind. Ihr analytischer Nutzen für das Verständnis politischer Prozesse in der arabischen Welt ist mit zwei ganz unterschiedlichen Argumenten bestritten worden: Einmal (a) haben Wissenschaftler aus der Region das repräsentativ-liberale Demokratiemodell als normatives Leitbild zurückgewiesen, und zum zweiten (b) ist empirisch bezweifelt worden, dass sich die arabischen Gesellschaften in erkennbarer Weise dem Ziel der repräsentativen Demokratie nähern.

(a) In den letzten zwanzig Jahren haben in der arabischen Welt heftige Debatten um die Bedeutung von *dimuqratiyya* stattgefunden, hervorgerufen auch durch den Nachdruck, mit dem die verschiedenen Regierungen auf dem demokratischen Charakter ihrer Regime beharrten. Dieser zeitgenössische Diskurs hat eine Vielzahl ganz unterschiedlicher Positionen hervorgebracht, die sich um die Abgrenzung einer „arabischen Form der Demokratie“ und das Verhältnis von religiösen und politischen Autoritäten drehen. Drei mögliche Positionen lassen sich unterscheiden: Eine säkular-moderne Version, vertreten von prominenten Akteuren der Zivilgesellschaft, verteidigt den universalen Demokratiebegriff und damit auch die fundamentale Rolle freier Wahlen für die repräsentative Demokratie. Eine radikal-islamische Version lehnt die Demokratie insgesamt ab, da sie notwendigerweise mit einer Verwestlichung von Gesellschaft, Kultur und Wirtschaft einhergehe. Schließlich gibt es eine Vielzahl von Stimmen, die zwischen diesen beiden Extremen angesiedelt sind, im Einzelnen aber ganz unterschiedliche Argumente vertreten. Sie teilen mit den radikalen Islamisten die Skepsis gegenüber der „westlichen" Demokratie und bestehen auf der Notwendigkeit, eine kulturell und gesellschaftlich angepasste arabische Form der Demokratie zu entwickeln, wobei bisher kaum konkrete Alternativkonzepte vorgestellt wurden. Kritisch wird insbesondere die Tendenz zur Definition der Demokratie über prozedurale Kriterien (wie z. B. freie und faire Wahlen) gesehen. Islamische Gesellschaften würden Demokratie eher an substantiellen Dimensionen einer guten Regierungsführung festmachen, obwohl hervorgehoben wird, dass sich auch in der islamischen Tradition demokratische Prozeduren wie z. B. *shura* (Konsultation) finden ließen. Mit den Säkularisten verteidigen sie die Demokratie als Leitbild und letztlich auch die Notwendigkeit von Individualrechten und freien Wahlen, obwohl deren Relevanz für den demokratischen Prozess von einer Vielzahl ergänzender Bedingungen abhängig gemacht wird.

(b) Selbst wenn man die normativen Zweifel an der Angemessenheit eines liberal-repräsentativen Demokratiemodells in der Region für wenig stichhaltig hält, müsste immer noch belegt werden, dass sich die arabischen Staaten prinzipiell in einem Prozess der Demokratisierung befinden, der die Prüfung demokratischer Funktionen von Wahlen sinnvoll macht. Genau dies wird jedoch von einer wachsenden Zahl von Beobachtern bestritten. Viele Regime hätten zwar Prozesse politischer Öffnung (Liberalisierung) eingeleitet, also einen begrenzten Wettbewerb durch mehrere Parteien erlaubt, die Zensur eingeschränkt, mehr Bewegungsspielraum für zivilgesellschaftliche Organisationen ermöglicht und Parlamente aufgewertet. All dies stelle einen bemerkenswerten politischen Wandel dar, sei aber kein erster Schritt hin zum Systemwechsel (Demokratisierung), sondern der Versuch, diesen zu verhindern. Es handele sich kaum um Konzessionen, die autoritäre Herrscher gegenüber starken demokratischen Oppositionsbewegungen hätten machen müssen, sondern um dosierte und selbstgewählte Formen der ‚Pluralisierung', die deswegen auch nicht der Logik eines zwar langsamen, aber letztlich unausweichlichen Prozesses hin zur Ablösung des autoritären durch ein demokratisches Regime folge. Die Idee, es könne sich um Demokratisierungsprozesse handeln, sei ein Missverständnis, das durch die zeitgleich eingeleiteten Prozesse des Systemwechsels in Mittel- und Osteuropa sowie Teilen Afrikas und Asiens aufgekommen sei.

Zwischenzeitliche Hoffnungsträger wie Ägypten, Jemen oder Jordanien befänden sich bereits wieder in einer Phase der De-Liberalisierung, die zwar nicht zurück zu einer lupenreinen Diktatur führe, aber auch keinerlei Anzeichen für das schrittweise Herannahen eines wirklichen Systemwechsels hin zur Demokratie böte. Die arabischen Regime unterschieden sich zwar in der konkreten Ausprägung autoritärer Herrschaft, die sozialstrukturellen, kulturellen und/oder religiösen Rahmenbedingungen würden jedoch Demokratie kurz- und mittelfristig zur Illusion machen.

Wenn dem so sein sollte, wäre es in der Tat müßig, in der arabischen Welt nach den genannten demokratischen Funktionen von Wahlen zu suchen, da sich lediglich erweisen würde, dass die arabischen Länder keine Demokratien sind. Da in den meisten Staaten der arabischen Welt aber mit großer Beharrlichkeit Wahlen durchgeführt werden, müssen diese offensichtlich, jedenfalls aus der Sicht der Regierenden, andere – nicht-demokratische – Funktionen erfüllen. Wahlen sind definitionsgemäß zunächst lediglich Techniken, eine Körperschaft zu bilden oder eine Person mit einer Führungsaufgabe zu betrauen. Sie ersetzen andere Techniken wie Bestellung von Vertretern kraft Erbfolge, kraft Amtes, kraft Ernennung und haben nicht notwendigerweise einen demokratischen Inhalt. Obwohl die Forschung zu Wahlen in nicht-demokratischen Staaten weit hinter den Erkenntnissen über demokratische Wahlprozesse herhinkt, lassen sich doch auch hier einige typische Funktionen von Wahlen herausstellen:

So werden Wahlen in autoritären Systemen primär mit dem Zweck der Stabilisierung des Regimes durchgeführt. Wahlen können in diesem Zusammenhang die Kommunikation zwischen Regierenden und Regierten verbessern. Die Wahlbeteiligung, die Abwahl von Kandidaten und das regionalspezifische Abschneiden von Parteien sind ein Barometer für Dissens und Zustimmung, die das Regime beachten kann oder auch nicht, z. B. durch Austausch unpopulärer Politiker. Wahlen können zweitens die Integrationskraft des politischen Systems erhöhen, indem systemkonforme Oppositionsgruppen eingebunden und kontrolliert werden. Wahlen stellen regimekritischen und -feindlichen Gruppen zwar einen enormen Popularitätsgewinn in Aussicht, sie zwingen sie aber auch dazu, den Untergrund zu verlassen und machen deutlich, welche Bevölkerungsteile sie unterstützen. Außerdem werden diese Gruppen gezwungen, die Regeln des Regimes zu akzeptieren. Sofern ein Minimum an Wettbewerb vorhanden ist, zeigen Wahlen den Regierenden die Stärken und Schwächen der Opposition, ebenso, welche potentiellen Gegeneliten aus Gründen der Regimestabilität in die Regierung oder Verwaltung kooptiert werden sollten. Drittens dienen Wahlen der Legitimierung der autoritären Regime nach innen wie nach außen. Wahlen sollen die Loyalität der Bevölkerung zur Regierung anzeigen, weswegen es wichtig ist, mit über 85% der Stimmen zu gewinnen und nicht nur mit knapper Mehrheit. Nur wenige autoritäre Regime gehen davon aus, dass der Wahlakt selbst (wie in einer Demokratie) legitimitätsstiftend sein kann, er ist eher ein öffentlicher Beleg für eine Legitimität, die auf anderen Ressourcen, wie Ideologie, Tradition, Religion oder wirtschaftlich-sozialer Entwicklung beruht. Auch die Bevölkerung selbst misst solchen

Wahlen in den seltensten Fällen eine nennenswerte legitimatorische Bedeutung bei. Legitimität muss aber auch nach außen erzielt werden, wo internationale Standards über demokratische Beteiligung selbst in der arabischen Welt mehr und mehr eingefordert werden und internationale Organisationen politische Prozesse detailliert überwachen und bei Verstößen gegen diese Standards internationale Kampagnen beginnen.

Das Buch geht von der Prämisse aus, dass eine graduelle Demokratisierung in vielen arabischen Ländern weiterhin möglich ist und daher der potentielle und von Land zu Land unterschiedliche Beitrag von Wahlen zur Erreichung dieses Ziels auch untersucht werden sollte. Vom Irak oder Palästina einmal abgesehen, sind Wahlen auch in anderen Staaten zu einer bedeutenden Arena geworden, in der um politische Freiheiten gefochten wird. Werden Wahlen überhaupt durchgeführt, können Regierende nicht mehr bestreiten, dass Wähler ein Recht auf von ihnen gewählte Repräsentanten haben, unabhängig davon, wie sehr sie von diesem Recht tatsächlich Gebrauch machen können. Die auf westliche Demokratien bezogenen Funktionskataloge von Wahlen bleiben daher wichtige Orientierungspunkte. Andererseits müssen diese ergänzt werden, um die abweichende Funktionslogik von Wahlen in autoritären Systemen mit aufnehmen zu können. Die nachfolgende Darstellung orientiert sich daher an drei wesentlichen Dimensionen von Wahlen, die unabhängig vom Regimetypus bedeutsam für die politische Entwicklung sind:

Erstens garantieren Wahlen dem einzelnen Bürger politische Mitbestimmung. In welchem Maße Wahlen die effektive Partizipation der Bevölkerung ermöglichen, hängt jedoch von einer Reihe von Faktoren ab. Rechtlich-institutionell kann das Wahlrecht zahlreiche Einschränkungen vorsehen, die den demokratischen Charakter der Wahlen stark einschränken können, z. B. indem Frauen das Wahlrecht verwehrt wird. Außerdem können bestimmte Bevölkerungsgruppen bewusst nicht registriert werden, Bürger können durch Gewalt am Wahlakt gehindert oder in ihrer Wahlentscheidung wesentlich beeinflusst werden. In gesamtgesellschaftlicher Perspektive konstituieren Wahlen politische Gemeinschaften und können damit auch die Legitimität bestehender Staaten oder Territorien begründen oder stabilisieren. Dies gilt sowohl für völkerrechtlich umstrittene Territorien wie Palästina, aber auch neu vereinigte Staaten (Jemen) oder konfessionell segmentierte Gesellschaften wie im Libanon, in denen die Wahlbürger ihre Loyalität zum Staatswesen unterstreichen.

Zweitens erfüllen Wahlen eine Repräsentations- und Integrationsfunktion. Diese äußert sich nicht nur auf der Ebene der Wähler, sondern insbesondere auch auf bei der Wahlmöglichkeit zwischen Kandidaten. Der Wettbewerb um politische Ämter kann unterschiedlich stark reglementiert sein, Wahlen können daher zu einer mehr oder weniger genauen Repräsentation aller relevanten sozialen, politischen oder kulturellen Gruppen in Parlamenten und Regierungsämtern führen. Inwiefern Wahlen diese Funktion erfüllen, hängt nicht nur von den Interessen der jeweiligen Akteure auf Seiten der Regierung und Opposition ab, sondern auch von den institutionellen Anreizen auf der Ebene des Wahl- oder Parteiensystems. Wahlen können auf diese Weise die Legitimität der jeweiligen politischen Ordnung und ihrer Spielregeln bestärken oder in Frage stellen, je nachdem, ob die mit demokratischen Wahlen verbundenen Verfahrensregeln von allen wesentlichen politischen Akteuren akzeptiert oder abgelehnt werden.

Schließlich haben Wahlen potentiell die Funktion, politische Macht zu übertragen und Herrschaftspositionen zuzuweisen. In demokratischen Wahlen muss die Abwahl der Regierenden möglich sein. Das arabische Bonmot, wonach Wahlen nicht darüber entscheiden, wer regieren darf, sondern wer zur Opposition gehören darf, spiegelt die politische Realität in großen Teilen der arabischen Welt. Andererseits vergeben Wahlen tatsächlich nicht nur einen Herrschaftsauftrag, sondern bestimmen auch die Zusammensetzung von Parlamenten und weisen Oppositionsrollen zu, die Zugang zu Informationen und Ressourcen ermöglichen. So wenig

Wahlen in etablierten Demokratien dieser Funktion der Übertragung politischer Macht in idealer Weise nachkommen, da Medien, der Einfluss anderer Interessengruppen oder Parteigremien den Wählerwillen signifikant beeinflussen, so sehr können andererseits Wahlen auch in der arabischen Welt Einfluss auf die Zuweisung von Herrschaftspositionen haben. Dies ist eine Frage, die nicht abstrakt entschieden, sondern nur empirisch erörtert werden kann.

Das Buch greift diese drei genannten Funktionen in Kapitel 3 (Wer darf wählen?), Kapitel 4 (Wer darf gewählt werden?) und Kapitel 5 (Worüber entscheiden Wahlen?) auf. Zunächst müssen wir uns im nächsten Kapitel jedoch einen Überblick über die Wahlen in der arabischen Welt verschaffen. Nach einem kurzen historischen Rekurs werden die Wahlen in allen arabischen Staaten seit Beginn der politischen Liberalisierung eingehender beleuchtet, und zwar zunächst die Parlamentswahlen, d. h. die landesweiten Wahlen der zweiten Parlamentskammer, dann die Präsidentschaftswahlen und schließlich die Kommunalwahlen in einigen ausgewählten Staaten, die keine nationalen Wahlen durchführen. In der Darstellung wird dabei auf die jeweils einschlägigen Regeln, insbesondere das Wahlsystem, ausführlicher eingegangen. Die beiden letzten Kapitel befassen sich zunächst mit Möglichkeiten und Aussichten der externen Beeinflussung von Wahlprozessen in der arabischen Welt und fragen abschließend nach den Aussichten eines weiteren politischen Wandels in der arabischen Welt durch Wahlen.

2. Wahlen in der arabischen Welt: Ein Überblick

2.1 Eine kurze Wahlgeschichte der arabischen Welt

In den Verfassungen der unabhängig werdenden arabischen Staaten war die regelmäßige Durchführung freier Wahlen vorgesehen. Hierfür hatten sich sowohl die abtretenden kolonialen Verwaltungen als auch die Führer nationalistischer Bewegungen eingesetzt. Der Verfassungsstaat, Demokratie und politische Rechte galten nicht nur als Schutzmechanismus gegen eine unter osmanischer Herrschaft und dann während der Kolonialzeit schmerzlich erfahrene tyrannische Staatsgewalt, sondern auch als Verkörperung der staatlichen Souveränität und des Herrschaftsanspruchs der arabischen Mehrheitsbevölkerung.

Über die Frage, wie das Verfassungsprinzip freier Wahlen in die politische Praxis umzusetzen war, gab es jedoch von Anfang an Streit: Zum einen fehlte den neuen Regierungen und Verwaltungsapparaten die Erfahrung in der Organisation solcher Wahlen und neue Regeln waren gerade in den ländlichen Gebieten schwer durchzusetzen, wo wenige landbesitzende Familien nach wie vor das politische Geschehen dominierten. Andererseits spiegelte die Auseinandersetzung um die Modalitäten von Wahlen auch das Ringen konkurrierender politischer Kräfte um die Macht in den neuen Staaten wider. Dieses Ringen führte trotz aller Bemühungen der neu gegründeten Wahladministrationen zu zahlreichen illegalen Praktiken und zu Wahlfälschung. Dennoch gelten einige Wahlen aus der ersten Phase der Unabhängigkeit als einigermaßen frei, so z. B. in Ägypten, wo die ersten Wahlen nach der Unabhängigkeit von der *Wafd*-Partei gewonnen wurden, ebenso die Wahlen in Jordanien, Syrien und im Libanon während der unmittelbaren Nachkriegszeit. Semi-kompetitive Wahlen gab es auch im Irak (bis 1938) und in Libyen (während der 1950er Jahre).[1]

---

1 Fachbegriffe zu Wahlen werden am Ende des Buches in einem Glossar erläutert.

Manche arabische Länder können also durchaus auf eine Tradition pluralistischer Wahlen zurückblicken. Allerdings war das Fehlen gut organisierter politischer Parteien in dieser Frühphase ein großes Problem bei der Durchführung von Wahlen. Diese gab es im eigentlichen Sinne nur in Ägypten und Syrien, mit Abstrichen auch im Libanon und in Marokko. In all diesen Ländern traten die Parteien jedoch im Wesentlichen nur im Vorfeld der Wahlen in Erscheinung und boten den Wählern (und Wählerinnen) kaum klare programmatische Alternativen, sondern repräsentierten zumeist das Gefolge prominenter Individuen oder Familien. In allen anderen Ländern trat die große Mehrheit der Kandidaten als parteilose Unabhängige an.

Diese liberal-parlamentarische Phase dauerte jedoch in fast allen arabischen Ländern nur bis zur Mitte der 50er Jahre. Daran schloss sich eine Phase an, während der die Institutionen des politischen Wettbewerbs durch unterschiedliche Typen von Militär- und Einparteienherrschaft ersetzt wurden. Dies geschah zuerst 1953 in Ägypten, wobei Wahlen, wenn überhaupt, nur als Akklamation oder Ratifizierung von Personalentscheidungen der Einheitspartei oder Militärführung abgehalten wurden, also nichts mehr mit *Aus-Wahl* zu tun hatten. Ein offener politischer Wettbewerb wurde nun als Bedrohung für die nationale Einheit und die Erreichung ehrgeiziger Entwicklungsziele angesehen. Die Mehrheit der Bevölkerung in den arabischen Ländern sah jedenfalls wenig Anlass, für den Erhalt dieser Formen repräsentativer Herrschaft zu kämpfen. Die arabischen Staaten, die seit Mitte der 50er Jahre unabhängig wurden, wie Algerien, Tunesien oder Jemen, entstanden von Anfang an als Einparteiensysteme mit mächtigen Staatschefs, deren Legitimität und Machtbasis nicht auf einer Wahlentscheidung der Bevölkerung beruhte.

Obwohl der Trend zur Errichtung von autoritären Einparteienregimen unaufhaltbar schien, hielten drei arabische Staaten, wenn auch aus ganz unterschiedlichen Gründen, an der Durchführung von pluralistischen Parlamentswahlen fest: Libanon, Kuwait und

Marokko. In *Marokko* konnte sich König Mohammed V. als alternative nationale Führungs- und Integrationsfigur gegenüber der Unabhängigkeitsbewegung *Istiqlal* behaupten, indem er die zum Zeitpunkt der Unabhängigkeit (1956) angesetzten Wahlen verschob, den Führern der *Istiqlal* Kabinettsposten verweigerte, eine Aufspaltung der Partei provozierte und bis zu den ersten Parlamentswahlen 1963 schließlich die Armee und Verwaltung so weit unter seine Kontrolle gebracht hatte, dass er den Triumph der *Istiqlal* verhindern konnte. König Mohammed V. und sein Sohn Hassan II. entwickelten in der Folge ein effizientes System eines stark regulierten Pluralismus, bei dem unterschiedliche Parteien zu Wahlen antreten konnten, solange sie weder die alleinige Kompetenz des Königs zur Ernennung des Kabinetts und der Steuerung aller wesentlichen Politikbereiche in Frage stellten noch dessen Schiedsrichterrolle. Zu dieser Rolle gehörte auch die fortdauernde Änderung der Spielregeln, darunter der Wahl- und Parteiengesetze, die vorübergehende Suspendierung von Parlamenten und die Verschiebung von Wahlen.

Im *Libanon* hatte die Nationalversammlung durch die Verfassung von 1926 eine zentrale Rolle bei der Schaffung eines Ausgleichs zwischen den 17 von der französischen Kolonialmacht anerkannten christlichen, muslimischen und jüdischen Glaubensgemeinschaften des neuen Staates erhalten. Im sogenannten Nationalpakt von 1943 einigten sich die politischen Führer des Landes, vor allem die maronitische und sunnitische Führungsschicht, dieses Modell im Interesse der Stabilität aufrechtzuerhalten und damit auch auf regelmäßige Parlamentswahlen, die nur während der Zeit des Bürgerkriegs (1975–1990) nicht durchgeführt wurden. Das 1972 gewählte Parlament blieb formell bis zu den ersten Wahlen nach dem Bürgerkrieg 1992 im Amt. Aufgrund der zahlreichen verfassungsrechtlichen und informellen Regeln der libanesischen Demokratie war jedoch auch im Zeitraum bis 1975 der politische Wettbewerb stark reglementiert, da die Sitzanteile der einzelnen Religionsgemeinschaften festgeschrieben waren und bei Wahlen nur darüber entschieden wurde, welche Politiker die jeweilige Religionsgemeinschaft im Parlament repräsentieren würden. Dies schloss einen mehr oder weniger starken Wettbewerb unter den maronitischen oder sunnitischen Politikern um die ihren Gruppen zugewiesenen Ämter und Sitze nicht aus.

In *Kuwait* hatte bereits seit der Kolonialzeit ein eigenständiger Stadtrat existiert. Seit 1963 fanden dort Parlamentswahlen statt. Parteien waren jedoch verboten und das Wahlrecht blieb auf Männer beschränkt. Trotzdem erwies sich das kuwaitische Parlament als durchaus selbstbewusst, und der Emir musste 1976, 1986 und 1999 das Parlament auflösen, um der wachsenden innenpolitischen Kritik am Vorgehen der Regierung u. a. in außenpolitischen Fragen keine parlamentarische Tribüne zu verschaffen. Allerdings gelang es der Herrscherfamilie auch durch kunstvolle Reformen des Wahlsystems nicht, dass ein Parlament ganz nach ihrem Geschmack gewählt wurde. Es war offenkundig, dass ernsthafte Kritik an der Herrscherfamilie und ihren politischen und wirtschaftlichen Entscheidungen nicht erwünscht war. Nach der Auflösung des Parlaments 1986 versuchte das Regime zu einem nur zum Teil gewählten, zum Teil ernannten Nationalrat zurückzukehren. Im Gefolge des irakischen Einmarschs 1990 und der späteren Befreiung erhöhte sich der internationale Druck, so dass man zu einem vollständig gewählten Parlament zurückkehrte. Wahlen finden seit 1992 in regelmäßigem Turnus statt.

Seit den 80er Jahren kam es auch in anderen arabischen Ländern zu Anzeichen einer politischen Öffnung. In Ägypten, Algerien und Tunesien wurde mit pluralistischen Parlamentswahlen experimentiert. Mögliche, allen Ländern gemeinsame Ursachen sind wohl in der Wirtschaftskrise zu sehen, mit der diese Länder seit Beginn der 70er Jahre konfrontiert waren und die das ineffiziente Management der Einheitsparteien und des aufgeblähten Staatssektors offen legte. Daneben spielte wohl auch der Wechsel im Amt des Staatspräsidenten (Algerien 1979, Ägypten 1981, Tunesien 1987) eine Rolle. Pluralistische Wahlen dienten vor diesem Hintergrund primär der

Modernisierung der Einheitsparteien, deren Sieg denn auch stets im Vorfeld feststand.

Tatsächlich folgte diese Wiedereinführung pluralistischer Wahlen in jedem Land aber einer eigenen Logik. Sadat hatte in *Ägypten* bereits 1976 durch Erlass zwei Oppositionsparteien zu den Wahlen (eine rechts und eine links von seiner National Democratic Party NDP) sowie in Ansätzen ein unabhängiges Gerichtswesen und eine freie Presse zugelassen. Mubarak setzte die Politik einer kontrollierten Öffnung fort. Mit der Einführung eines neuen Wahlsystems vor den Wahlen 1984 sahen sich zahlreiche Oppositionsparteien im Land, darunter auch die Muslim-Brüder und *Neo-Wafd* zur Teilnahme an den Wahlen ermutigt. Sie konnten sich eine, wenngleich eher symbolische Präsenz im Parlament sichern.

Die Präsidenten Tunesiens und Algeriens sahen wohl genau wie Mubarak in der kontrollierten Zulassung des Mehrparteienwettbewerbs die Möglichkeit, die an Bedeutung wachsenden islamistischen Kräfte zu spalten, indem die moderaten Flügel in das politische System integriert, die Extremisten hingegen isoliert wurden. Weder in Tunesien noch in Algerien war diese Strategie so erfolgreich wie in Ägypten. In *Tunesien* wurde unter dem Einfluss des neuen Präsidenten und der von ihm gegründeten Regierungspartei Rassemblement Constitutionnel Démocratique (RCD) ein manipulatives Wahlsystem kreiert, so dass alle Oppositionskräfte aus Protest die Wahlen im April 1989 boykottierten. In *Algerien* nahmen die Ereignisse einen entgegengesetzten Verlauf. Hier verlor die Regierung von Staatschef Chadli die Kontrolle über den im Oktober 1988 eingeleiteten Liberalisierungsprozess, zunächst mit der Zulassung der wichtigsten islamistischen Partei Front Islamique de Salut (FIS) zu den Kommunalwahlen 1990 und deren deutlichem Sieg (und daraufhin der Kontrolle der Lokalverwaltung in großen Teilen des Landes), sodann in der Übergabe der Regierungsgewalt an ein Technokratenkabinett unter Ahmad Ghozali im Juni 1991, das ernsthaft an einer fairen und transparenten Parlamentswahl interessiert war. Der erdrutschartige Sieg des FIS in der ersten

Runde der Parlamentswahlen im Dezember 1991 führte dann zur Machtübernahme des Militärs und dem vorläufigen Abbruch aller Wahlexperimente. In *Jordanien* schließlich wurden 1989 die ersten Parlamentswahlen seit 1968 abgehalten, in einem Kontext wachsender Polarisierung im Nahen Osten und erheblicher wirtschaftlicher Schwierigkeiten.

Das Ende des Ost-West-Konflikts und das Ausgreifen der dritten Demokratiewelle auf große Teile Afrikas und Asiens hatte kaum Auswirkungen auf die politische Entwicklung in der arabischen Welt, sieht man einmal von Südjemen und von Algerien ab, wo formal sozialistische Regime reformiert wurden. Andere linkspopulistische Staaten wie Libyen, Syrien oder Saddam Husseins Irak behielten ihre autoritären Einparteiensysteme bei, ebenso die Golfstaaten ihre Monarchien ohne Verfassungen und Wahlen. Die Einführung von politischem Wettbewerb im *Jemen* (erste Parlamentswahlen 1993) hing sicherlich direkt mit der Wiedervereinigung der beiden ursprünglich getrennten jemenitischen Staaten zusammen. Seit den 1990er Jahren ist es auch in *Palästina*, in *Bahrain* und *Oman* zu Parlamentswahlen mit Parteien- bzw. Kandidatenkonkurrenz gekommen. Nach der Besetzung des *Irak* durch die USA und ihre Verbündeten kam es dort zur Etablierung eines neuen politischen Systems mit pluralistischen Parlamentswahlen, die erstmals 2005 abgehalten wurden.

2.2 Parlamentswahlen

Der historische Überblick hat bereits deutlich gezeigt, dass die Bedeutung und Rolle von Wahlen in den politischen Prozessen arabischer Länder stark variiert. Einige Staaten haben überhaupt keine Wahlen durchgeführt, andere regelmäßig. In manchen Staaten fehlte dabei jeglicher Wettbewerb zwischen Kandidaten und Parteien, während es diesen in anderen Staaten regelmäßig oder zumindest zeitweise gab. Die Vermutung, Wahlen seien in der arabischen Welt prinzipiell bedeutungslos, lässt sich schon durch diese wenigen Beobachtungen entkräften.

Zwischen 1990 und 2006 haben in der arabischen Welt 36 pluralistische Parlamentswahlen stattgefunden. In der folgenden Darstellung wollen wir die in der Forschung übliche Unterscheidung der Staaten in Präsidialrepubliken und Monarchien übernehmen. Obwohl nirgendwo Wahlen zu einem Machtwechsel führten, scheinen sich doch die bei Wahlen zur Anwendung kommenden Regeln wie auch die wesentlichen Ergebnisse von Wahlen zwischen diesen beiden Ländergruppen signifikant zu unterscheiden. Abschließend soll kurz auf die drei Sonderfälle Libanon, PA und Irak (seit 2003) eingegangen werden, in denen die herrschenden Regime unter prinzipiell anderen Rahmenbedingungen operierten, da sie weder die vollständige Kontrolle über den nationalen Verwaltungs- und Sicherheitsapparat hatten, noch souverän über Wahlsysteme und deren Umsetzung entscheiden konnten.

2.2.1 Die Präsidialrepubliken

Die meisten arabischen Präsidialrepubliken haben seit den späten 1980er Jahren pluralistische Parlamentswahlen eingeführt und sind damit dem ägyptischen Beispiel gefolgt.

Ägypten ließ, wie bereits erwähnt, 1976 unter Sadat erstmals mehrere Parteien zu den Parlamentswahlen zu. Kandidaten konnten als Unabhängige antreten oder für eine der drei von Sadat im Vorfeld der Wahlen aus unterschiedlichen Strömungen der Arab Socialist Union geschaffenen ‚Plattformen' kandidieren. Das Land war in Zweierwahlkreise aufgeteilt worden, in denen jeweils ein Arbeiter- und ein Bauernkandidat mit einfacher Mehrheit zu wählen war. Die von Sadat angeführte zentristische Strömung (NDP) gewann 280 Sitze; 48 der verbleibenden 62 Sitze wurden von Unabhängigen gewonnen.

Nach seiner Machtübernahme änderte der neue Staatschef Hosni Mubarak 1983 das Wahlsystem radikal. Da unter den Bedingungen eines verstärkten Wettbewerbs und einer freieren Presse die parteiunabhängigen Kandidaten vom Regime als eigentliche Gefahr angesehen wurden, führte Mubarak nun ein Verhältniswahlsystem ein, bei dem nur Parteilisten antreten dürfen. Die im Verhältniswahlsystem angelegte Stärkung konkurrierender Parteien wurde jedoch durch eine restriktive Zugangshürde von 8% der Stimmen landesweit konterkariert. Dabei wurden, anders als international üblich, die Stimmen der unterhalb der Prozenthürde verbliebenen Parteien nicht unter allen über 8 % liegenden Parteien verteilt, sondern fielen ausschließlich der stimmstärksten Partei zu. Dieses mehrheitsproduzierende Wahlsystem verfehlte bei den Wahlen 1984 nicht den gewünschten Effekt: Mit 73% der Stimmen gewann die NDP 87% oder 390 der 448 Sitze, da sowohl die linksgerichtete *Tagammu* als auch die islamistische Nationalist Socialist Labor Party unter 8% blieben.

Die Strategie des Regimes wurde jedoch vom Obersten Gericht durchkreuzt, das dieses Wahlsystem für verfassungswidrig erklärte, da es keine unabhängigen Kandidaturen zulasse. Die Regierung kehrte daraufhin bei den Wahlen 1990 zum unter Sadat praktizierten absoluten Mehrheitswahlsystem in Zweierwahlkreisen zurück. Die Opposition reagierte mit einem Totalboykott dieser Wahlen. Trotzdem gab es 3.000 Kandidaten, fast sieben pro Sitz, darunter auch 789 NDP-Kandidaten, die als Unabhängige antraten, nachdem sie von den offiziellen Parteigremien nicht nominiert worden waren. Tatsächlich gewann die NDP schließlich nur 253 der 444 Sitze, da aber 95 der ‚NDP-Unabhängigen' (*NDPendents*) ebenfalls ins Parlament gewählt wurden und sich der NDP-Gruppe anschlossen, kam die Regierungspartei letztlich doch auf einen Anteil von 79% der Abgeordneten.

Die Wahlen von 1990 zeigten ein Muster, das für die nächsten fünfzehn Jahre prägend bleiben sollte. Obwohl die oppositionellen Gruppierungen einschließlich der offiziell verbotenen Muslimbrüder an den Wahlen 1995 und 2000 teilnahmen (und neue Parteien legalisiert wurden), konnten diese aufgrund vielfältiger Benachteiligungen im Wahlkampf, auch durch direkte Repression und Verhaftungen von Anhängern (1995) und Kandidaten (2000) für das Regime nicht zu einer wirklichen Gefahr werden. Im 1995 gewählten Parlament kontrollierte die NDP 94% der Sitze, 2000 noch 87%.

Für die Liberalisierungsstrategie Mubaraks weitaus gefährlicher war die fehlende Disziplin innerhalb seiner eigenen Partei mit zahlreichen inoffiziellen Kandidaten, die sich oft als populärer als die offiziellen NDP-Kandidaten erwiesen. 2000 gewannen die NDPendents 56% (218) der NDP-Sitze und damit mehr als die eigentlichen NDP-Kandidaten. Auch bei den Wahlen 2005 wurde dieser Trend erneut bestätigt, als die NDPendents 53% (166) der NDP-Sitze gewannen. Das in Ägypten angewandte Wahlsystem hat daher die Dominanz der Partei des Staatspräsidenten gestärkt und die Oppositionsparteien geschwächt; andererseits hat es die interne Parteihierarchie geschwächt und den Wählern und Wählerinnen wachsenden Einfluss darauf gegeben, wer innerhalb der NDP ins Parlament einziehen konnte. Die Wahlen im November 2005 führten erstmals seit den 1950er Jahren zu einer nennenswerten Oppositionspräsenz im ägyptischen Parlament. Zwar konnte die NDP mit ihren „Unabhängigen" noch einmal knapp die Zwei-Drittel-Mehrheit der Sitze behaupten, die für die Gesetzgebung und mögliche Verfassungsänderungen notwendig ist. Sie sieht sich jetzt aber einer Gruppe von 120 Oppositionellen gegenüber, in der die Muslimbruderschaft mit 88 Abgeordneten dominiert. Nach dem zweiten der drei Wahlgänge hatte es sogar danach ausgesehen, als ob die NDP ihre Mehrheit im Parlament verlieren würde. Daraufhin verstärkte die Verwaltung offensichtlich ihre Einflussnahme auf den Wahlprozess, was das anfängliche Bild einer transparenten Wahl nachhaltig trübte. Dennoch konnte letztlich nur ein Drittel (145) der offiziellen NDP-Kandidaten tatsächlich ein Mandat gewinnen.

Die mit großen Hoffnungen angetretene Allianz der wichtigsten legalen und säkularistischen Oppositionsparteien (u. a. *Wafd*, *Tagammu*, *Kifaya*) errang hingegen nur 9 Mandate. Die Muslimbrüder, die nur in einer begrenzten Anzahl von Wahlkreisen angetreten waren, konnten hingegen 50% ihrer Kandidaten durchbringen. Auch wenn der Sieg der Muslimbrüder in dieser Höhe vom Regime nicht einkalkuliert worden war, ging die Strategie auf, die auf zunehmende Unterstützung im Ausland zählende säkularistische Opposition wie schon zuvor bei den Präsidentschaftswahlen zu schwächen und ein Szenario herbeizuführen, in dem sowohl die liberalen Kräfte in Ägypten wie auch im Ausland nur zwischen einem scheinbar reformwilligen Regime und den Islamisten wählen können.

In *Tunesien* hatte der neue Staatschef Ben Ali nach seiner Machtübernahme sechs säkularistische Oppositionsparteien legalisiert, nicht aber die islamistische *al-Nahda*. Das seit der Unabhängigkeit geltende Wahlsystem ließ dieser Opposition jedoch kaum eine Chance. Aufgrund der Listenwahl in Mehrpersonenwahlkreisen mit einfacher Mehrheit erhielt in jedem Wahlkreis die siegreiche Liste alle zur Verfügung stehenden Sitze. Mit knapp mehr als 80% der Stimmen gewann das Rassemblement Constitutionnel Démocratique (RCD) bei den Wahlen 1989 so alle Sitze. Da dieses Einparteienparlament nicht gerade ein Beleg für die Pluralisierung der politischen Verhältnisse war, sah sich Ben Ali zu einem weiteren ingeniösen Schritt veranlasst. Seit den Wahlen 1994 wurde eine bestimmte Quote der Parlamentssitze (12%; seit 1999 20%) für die legalen Oppositionsparteien reserviert und ihnen gemäß ihren Stimmanteilen zugeteilt. Während die Opposition durch das Wahlsystem und die vom Staatsapparat durchgeführten Wahlen extrem benachteiligt wird, so dass der RCD weiterhin alle Mandate gewinnen kann, gelangt dennoch eine Reihe von Oppositionellen als ‚beste Verlierer' und Parlamentarier zweiter Klasse durch die Hintertür ins Parlament. 1999 sank die Zustimmungsrate für die Regierungspartei auf 91,6%, nachdem der RCD 1994, begünstigt durch den Boykott der Islamisten, noch 98% der Stimmen gewonnen hatte. Die Opposition hatte sich prinzipiell auf die Teilnahme an den Wahlen eingelassen, nachdem der Staatschef einige Reformen bei der Wahlorganisation (Zugang zu Medien) und die Zulassung eines Kandidatenwettbewerbs bei Präsidentschaftswahlen zugestanden hatte. Die Wahlen 2004 bestätigten diese Konstellation, als die Opposition erneut kein Direktmandat gewinnen konnte. Keine der sieben im Parlament vertretenen Oppositionsparteien stellt die absolute Macht des Staatschefs in Frage, während die wirkliche Opposition (ob nun islamistischer, liberaler, kommunistischer oder sozialistischer Provenienz) im Exil oder Gefängnis sitzt und elementare politische und bürgerliche Rechte verletzt werden.

Algeriens Wahlexperiment nahm einen gänzlich anderen Verlauf als in seinem Nachbarland. Die ebenfalls Ende der 1980er Jahre eingeleitete Öffnung mündete bei den ersten pluralistischen Parlamentswahlen in eine Machtübernahme durch das Militär. In keinem anderen arabischen Land war die Liberalisierung so weitreichend gewesen wie in Algerien, wo bei tatsächlich kompetitiven Kommunalwahlen 1990 der FIS die Mehrheit der Rathäuser erobert hatte und das Szenario, dass Algeriens Regierung als erste ihre Macht durch die Urne verlieren würde, in den Bereich des Möglichen rückte.

Wie in Ägypten und Tunesien gingen den Parlamentswahlen zahlreiche Bemühungen voraus, durch Wahlsystem und Wahlkreiseinteilung einen Wahlsieg der früheren Einheitspartei Front de Libération Nationale (FLN) sicherzustellen. In diesem Rahmen war man von der zwischenzeitlichen Option für ein Verhältniswahlsystem mit Mehrheitsprämie (wie in Ägypten 1984–87) wieder abgekommen und hatte sich für ein absolutes Mehrheitswahlrecht in Einerwahlkreisen entschieden, wobei man sich durch eine geschickte Wahlkreiseinteilung die Mehrheit zu sichern können glaubte. Gegen die ursprüngliche im April 1991 vorgenommene Einteilung der Einerwahlkreise erhob sich jedoch ein solcher Sturm der Entrüstung, dass sich die Regierung zu einer Revision der Wahlkreiseinteilung bereit erklärte. Dabei kam es offensichtlich zu massiven Fehlkalkulationen über das Wählerverhalten, denn im ersten Wahlgang im Dezember 1991 vermochte sich die FLN nur 15 Sitze zu sichern, während der FIS auf 188 Sitze kam.

Die Machtübernahme des Militärs führte direkt in den Bürgerkrieg. Seit Januar 1994 bemühte sich Präsident Zéroual um einen Konsens mit allen legalen politischen Parteien, darunter auch den gemäßigten Islamisten des Mouvement de la Société pour la Paix

(MSP), und konnte letztlich deren Teilnahme an den Parlamentswahlen 1997 sicherstellen. Diese Wahlen erfolgten unter gänzlich veränderten Regeln. Nach den schlechten Erfahrungen mit dem Mehrheitswahlrecht setzte das Militärregime nun auf ein Verhältniswahlsystem, das zu einer stärkeren Zersplitterung des Parteiensystems führen würde, obwohl die in Algerien gewählte Version (in mittelgroßen Wahlkreisen mit 5%-Hürde) immer noch die größeren Parteien bevorzugte. Mit anderen Worten, das Militärregime zog eine Koalitionsregierung einem ihm feindlich gesonnenen Parlament vor. Die Rechnung ging tatsächlich auf: Die von Präsident Zéroual im Schnellverfahren gegründete Rassemblement National Démocratique (RND) gewann 40% der Sitze und konnte zusammen mit der früheren Einheitspartei FLN die Regierung bilden. Zweitstärkste Partei wurde die MSP, während die Islamisten insgesamt ein Viertel der Sitze erhielten. Bei den Wahlen 2002 konnte die FLN dann (mit nur 35,5% der Stimmen) die Mehrheit im Parlament zurückerobern (199 Sitze), während die RND auf 48 Sitze zurückfiel (8,2% der Stimmen). Die beiden islamistischen Parteien konnten sich bei insgesamt 20% der Sitze stabilisieren, wobei die Berber-Parteien die Wahlen boykottierten, die Wahlbeteiligung bei nur 46% lag und es im Wahlkampf zu zahlreichen Gewaltakten kam.

Im *Jemen* waren pluralistische Wahlen ein Resultat des Vereinigungsprozesses. Zuvor hatten sowohl im eher traditionalistisch-konservativen Nordjemen als auch im marxistischen Südjemen Einheitsparteien den politischen Prozess strikt kontrolliert. Die Wahlen 1993 besiegelten einerseits den staatlichen Zusammenschluss und führten zur Bildung eines gemeinsamen Parlaments. Andererseits sanktionierten sie auch die politische Zweiteilung, da die vormals dominierenden Parteien in ihren Landesteilen – Yemeni Socialist Party (YSP) im Süden, General People's Congress (GPC) im Norden – ihre dominante Stellung behaupten konnten. Für den deutlich geringer bevölkerten Südjemen erwies sich die Entscheidung für ein relatives Mehrheitswahlrecht als verhängnisvoll, da die YSP im Norden kaum einen Wahlkreis zu gewinnen vermochte und im neuen Parlament in eine Minderheitsposition geriet. Die frühere Einheitspartei GPC gewann zwar auch nur 32% der Stimmen im Nordjemen, kam aber landesweit auf 123 Sitze und wurde damit mit deutlichem Vorsprung zur stärksten Partei. Nach dem Bürgerkrieg und dem Boykott der Wahlen 1997 durch die YSP konnte die GPC ihre Dominanz im jemenitischen Parlament schrittweise ausbauen. 1997 erreichte sie mit 42% der Stimmen bereits 62% der Sitze und war nicht länger auf eine Allianz mit den Islamisten von der *Islah*-Partei angewiesen, zumal sie zusätzlich auf knapp vierzig der GPC nahestehende unabhängige Abgeordnete zählen konnte.

Vor den Wahlen 2003 hatten sich die YSP und *Islah* trotz ihrer sehr unterschiedlichen ideologischen Positionen auf eine Wahlallianz verständigt, wonach *Islah* in 30 YSP-Hochburgen keine Kandidaten aufstellen würde, ebenso die YSP in 130 Wahlkreisen, in denen sich *Islah* die größten Chancen ausrechnete. Die Wahlen endeten trotzdem erneut mit einem deutlichen Sieg der Regierungspartei, die weiterhin mehr als zwei Drittel der Sitze hält. In zwanzig umkämpften städtischen Wahlkreisen kam es zu gewaltsamen Auseinandersetzungen, die offensichtlich von staatlichen Sicherheitskräften provoziert worden waren und insbesondere Siege von *Islah*-Kandidaten verhindern sollten. Alle Oppositionsparteien warfen daraufhin der Regierung Wahlfälschung vor.

Obwohl in allen vier Staaten Wahlen primär der Stabilisierung des autoritären Regimes dienen sollten, ergibt sich sowohl bei den Wahlsystemen und Wahlgesetzen wie auch bei den Wahlergebnissen ein uneinheitliches Bild.

Tab. 1: Pluralistische Parlamentswahlen in den Republiken

Land	Datum	Wahlsystem	Regierungs-mehrheit (in %)
Ägypten	28.10.1976	Abs. MW (2WK)	82
	07.06.1979	Abs. MW (2WK)	90
	27.05.1984	VW	87
	06.04.1987	VW	79
	29.11.1990	Abs. MW (2WK)	86
	29.11.1995	Abs. MW (2WK)	94
	18.10.2000	Abs. MW (2WK)	87
	09.11.2005	Abs. MW (2WK)	68
Tunesien	02.04.1989	Rel. MW (MWK)	100
	20.03.1994	Rel. MW (MWK)+ PR	88
	24.10.1999	Rel. MW (MWK)+ PR	80
	24.10.2004	Rel. MW (MWK)+ PR	76
Algerien	26.12.1991	Abs. MW (EWK)	-*
	05.06.1997	VW	58
	30.05.2002	VW	63
Jemen	27.04.1993	Rel. MW (EWK)	40
	27.04.1997	Rel. MW (EWK)	62
	27.04.2003	Rel. MW (EWK)	75

Stand: 31.12.2006; Eigene Zusammenstellung auf der Grundlage von Nohlen/Grotz/Hartmann (2001); Abkürzungen werden im Glossar aufgelöst.

* Wahlen wurden nach dem ersten Wahlgang abgebrochen. Die Regierungspartei hatte in diesem ersten Wahlgang lediglich 15 der 231 vergebenen Mandate erzielt.

Vor beinahe jeder Wahl wurden Änderungen an den Wahlgesetzen vorgenommen, um die Wahlergebnisse zugunsten der Regime zu beeinflussen, fast immer ohne Beteiligung der Opposition. Diese Änderungen betrafen die Einteilung der Wahlkreise, die Modalitäten der Wahlbeobachtung, der gerichtlichen Prüfung oder einen Wechsel im Wahlsystem. Tunesien, Ägypten und Jemen haben sich (z. T. nach Umwegen) auf unterschiedliche Varianten der Mehrheitswahl festgelegt. Diese begünstigt systematisch die größten Parteien im Land, so dass deren Sitzanteil deutlich über ihrem Stimmenanteil liegt. Gerade unter den Bedingungen einer Pluralisierung von Einheitsparteien, die im ganzen Land präsent sind, erscheinen solche Wahlsysteme attraktiv für die Regimeeliten; sie ermöglichen zudem, Wahlkreise nach Belieben einteilen zu können. In Ägypten wurden weniger als zwei Monate vor den Wahlen 1990 die Grenzen vieler Wahlkreise neu gezogen. Algerien entschied sich hingegen Mitte der 1990er Jahre für ein Verhältniswahlsystem, das wahrscheinlich bereits 1991 den Wahlsieg des FIS und den Militärputsch hätte verhindern können.

Dass die Regierung in Algerien meist mit einem weit weniger loyalen Parlament zurecht kommen muss, liegt sicherlich nicht nur oder nicht primär am Wahlsystem. Wie alle hier aufgeführten Regime hat die algerische Führung auf eine Vielzahl ergänzender Institutionen und Maßnahmen zurückgegriffen: Hierzu gehörte die Einschüchterung und Inhaftierung von Oppositionspolitikern im Vorfeld der Wahlen. So waren die FIS-Anführer Abassi Madani und Ali Belhadj während der Wahlen 1991 und 1997 in Haft, genau wie unzählige Muslimbrüder vor den Wahlen 1995 in Ägypten. Alle Parlamentswahlen in Algerien, Tunesien und Ägypten seit 1989 haben unter Notstandsrecht stattgefunden. Die Möglichkeiten von Oppositionsparteien, in diesen Staaten reguläre Wahlkämpfe zu führen, für ihre Kandidatur zu werben und ihre Wählerinnen und Wähler zu mobilisieren, bleiben dadurch stark eingeschränkt. Öffentliche Versammlungen, Konferenzen und Demonstrationen bleiben z. B. in Ägypten völlig verboten, in Algerien müssen sie lange vorher angemeldet werden und die Verwaltung kann letztlich nach Gutdünken entscheiden, ob sie die Erlaubnis erteilt oder nicht.

In allen Staaten werden die Wahlen von Ministerien organisiert, d. h. unabhängige Wahlkommissionen, die in anderen Entwicklungsregionen als wesentlicher Garant für eine faire Organisation und Überwachung der Wahlen fungieren, fehlen hier völlig. Der Zugang zu den staatlichen Medien wird stark asymmetrisch gewährt; zugleich ist den Parteien die Finanzierung aus privaten (insbesondere ausländischen) Quellen untersagt. Am Wahltag selbst kommt es zu direkten Formen des Wahlbetrugs, die allerdings sowohl in Tunesien als auch in Ägypten im Lauf der 1990er Jahre durch die verstärkte Präsenz von Parteibeobachtern in den Wahllokalen zurückgegangen sind. Eine gerichtliche Überprüfung der Wahlergebnisse ist nur in Ägypten und Algerien möglich. Schließlich steht in vielen Staaten sichtbar für alle die Armee hinter der Regimepartei; an ihrer Bereitschaft, sich notfalls einzumischen, besteht bei der Bevölkerung wenig Zweifel. In allen vier hier genannten Ländern kontrolliert die Regierung bzw. die Regierungspartei nicht nur die wichtigen politischen Ämter und Medieneinrichtungen, sondern verteilt auch die Stellen im öffentlichen Dienst.

Im Unterschied zu den vier hier ausführlicher diskutierten Republiken fanden in Libyen, Syrien und Saddam Husseins Irak keine pluralistischen Wahlen statt. Libyen wird wohl zu Lebzeiten des Revolutionsführers al-Qaddafi ein politisches System *sui generis* bleiben. In Syrien und im Irak wird bzw. wurde zwar regelmäßig ein Parlament gewählt; zur Wahl steht dort jedoch eine Einheitsliste, die von der herrschenden Partei zusammengestellt wird und neben deren Kandidaten solche der Blockparteien und vorsortierte „Unabhängige“ aufweist. Eine vorsichtige Pluralisierung der Wahlregeln entsprechend dem in Ägypten oder Jemen praktizierten Modell kann auch für Syrien prognostiziert werden.

2.2.2 Die Monarchien

Marokko kann, wie bereits erwähnt, auf eine lange Kontinuität pluralistischer Wahlen zurückblicken. Das Königshaus griff dabei massiv in die Wahlen ein, sah sich aber zugleich als vermeintlich neutraler Schiedsrichter über den Parteien stehend. Zur Bildung einer explizit königstreuen Partei, mittels derer der Monarch seine Interessen im Parlament hätte direkt durchsetzen können, kam es in Marokko nicht. Diese Entscheidung gründete ohne Zweifel in dem Wunsch, die königliche Autorität zu wahren und eine gewisse Distanz zu ‚den Politikern' zu wahren, wie dies auch in Jordanien der Fall war. Wenn die geschickte Manipulation des Wahlprozesses nicht zum Sieg einer hinreichend großen Zahl loyaler Parteigänger im Parlament führte, ließ der König auch das Parlament auflösen oder Wahlen verschieben. Bis 1993 wurde schließlich ein Drittel des Parlaments in indirekten Wahlen durch soziale und ökonomische Interessengruppen bestimmt (wie z. B. Gewerkschaften und Unternehmerverbände), auf die das Königshaus direkten Einfluss hatte.

Nach der langen Suspendierung von Parlamentswahlen fanden die Wahlen der 1990er Jahre in einem grundlegend veränderten politischen Kontext statt. Im Vorfeld der Wahlen hatte eine nationale Kommission unter Beteiligung von Parteienvertretern umstrittene Aspekte des Wahlgesetzes diskutieren dürfen. In den kritischen Fragen der Wahlkreiseinteilung, der Wählerlisten und des Zugangs zu den Medien vermochten sie zwar nicht ihre Interessen durchzusetzen, das Königshaus ließ aber seine Bereitschaft zu weiteren Reformen deutlich werden. Bei den Wahlen 1993 schlossen sich die beiden wichtigsten ‚systemloyalen' Oppositionsparteien *Istiqlal* und Union Socialiste des Forces Populaires (USFP) zu einer effektiven Allianz (*Kutla*) mit Wahlabsprachen in den Einerwahlkreisen zusammen. Damit gewannen sie knapp 60% der Stimmen sowie 102 der 222 direkt gewählten Sitze. Sie lehnten jedoch den von König Hassan II. angebotenen Einzug in die Regierung ab, da ihnen keine wichtigen Ressorts angeboten wurden, und forderten vielmehr weitergehende politische Reformen.

Eine umfassende Revision der Verfassung, an der die Oppositionsparteien mitarbeiteten und die 1996 per Referendum bestätigt wurde, sah die Einführung eines Zweikammerparlaments vor, bei dem das Unterhaus – anders als bisher – vollständig direkt vom Volk gewählt werden sollte, während ein neu eingerichtetes Oberhaus indirekt von den Provinz- und Kommunalräten gewählt werden sollte.

Bei den Wahlen 1997 konnte der oppositionelle *Kutla*-Block erneut aufgrund von Wahlabsprachen 102 Sitze im Unterhaus gewinnen. Damit wurde er zwar stärkste Fraktion, verfehlte aber die Mehrheit in der 325 Sitze umfassenden Kammer. Bei den Oberhauswahlen erreichten zudem die königstreuen Kräfte die Mehrheit. Dennoch wurde der USFP-Vorsitzende Abderrahman Yussufi auf Vorschlag des Königs zum Ministerpräsidenten gewählt. Insgesamt blieb das Parteiensystem zersplittert, trotz des relativen Mehrheitswahlsrechts, das die kleineren Parteien eher benachteiligt. Bei diesen Wahlen erreichten die gemäßigten Islamisten erstmals neun Sitze. Die geringe Wahlbeteiligung von 58% und eine Million leerer oder ungültiger Stimmzettel deuteten dennoch auf eine wachsende Legitimationskrise des marokkanischen Modells hin. Die Wahlen 2002 bestätigten die Regierungskoalition, zu der neben USFP und *Istiqlal* noch fünf weitere Parteien gehörten, im Amt. Die Koalition konnte zusammen 186 der 325 Sitze (57%) gewinnen. Die Wahlen bestätigten aber auch den stark fragmentierten Charakter des marokkanischen Parteiensystems. Im Parlament sind 18 der 26 kandidierenden Parteien vertreten; keiner Partei gelang es dabei, mehr als 15% der Stimmen landesweit zu erzielen. Neben den Regierungsparteien war die islamistische Parti pour la Justice et le Developpement (PJD) der große Gewinner; sie wurde mit einem Sitzanteil von 42 Sitzen zur drittstärksten Kraft im Parlament.

In *Jordanien* wurden 1989 nach einer 22-jährigen Unterbrechung erstmals wieder Parlamentswahlen durchgeführt. Obwohl das seit 32 Jahren andauernde Parteienverbot in Kraft blieb, durften Mitglieder von verbotenen Parteien als unabhängige Kandidaten antreten. Die Muslimbrüder konnten sogar offiziell Kandidaten aufstellen, da sie als karitative Organisation und nicht als Partei angesehen wurden. Damit erhielten sie einen massiven Vorteil gegenüber den politischen Parteien, denen ein nationaler Wahlkampf untersagt blieb. König Husseins größte Sorge waren weniger radikale Islamisten als vielmehr die radikalen Palästinenser mit jordanischem Pass, die seine eher gemäßigte Politik gegenüber Israel ablehnten. Die Grenzen der Mehrpersonenwahlkreise (in denen nach relativer Mehrheit gewählt wurde) waren daher einseitig zum Nachteil der palästinensischstämmigen Bevölkerung gezogen worden, um deren Repräsentation niedrig zu halten.

Die Wahlen endeten mit einem überraschenden Sieg von Islamisten und linksgerichteten Kandidaten, die zusammen die Mehrheit der Sitze erreichten. Auch wenn der König sich ein relevantes islamistisches Lager im Parlament als Gegengewicht zum nationalistisch-linken Lager gewünscht haben sollte, war das Ausmaß des Sieges doch erstaunlich. Hierzu trug nicht unwesentlich das Wahlsystem bei. Da Wähler in den Wahlkreisen auch mehrere Stimmen hatten (zwei bis neun, je nachdem wie viele Sitze zu vergeben waren), konnten sie zugleich mehrere Interessen ausdrücken: Mit ihren ersten Stimmen konnten sie z. B. einen Angehörigen der eigenen Volksgruppe wählen oder einen Minister, von dem sie sich materielle Vergünstigungen erhofften. Mit einer dritten Stimme konnten sie zugleich eine ideologische Präferenz ausdrücken, also z. B. Kandidaten wählen, die aus säkularistischer oder islamischer Warte gegen die pro-westliche Politik des Monarchen kämpften. Die Kandidaten der Muslimbrüder kamen so landesweit auf nicht einmal 20% der Stimmen, gewannen aber 42% der Sitze.

Das Königshaus reagierte auf dieses unerwartete Wahlergebnis mit einer Reihe von institutionellen Reformen, zumal die jordanische Unterstützung für das Oslo-Abkommen den Regimekritikern in die Hände zu spielen drohte. Der König entließ die Regierung (in der Islamisten vertreten waren) und ließ sechzig Mitglieder einer islamistischen Untergrundorganisation verhaften. Die Nationalcharta von 1991 verbot allen politischen Parteien internationale Finanzierung. 1992 wurden politische Parteien wieder zugelassen und bis zu den Wahlen 1993 waren 24 legalisiert worden. Wichtiger noch war eine Änderung des Wahlsystems. In jedem Wahlkreis sollten die Wähler, unabhängig von der Zahl der zu vergebenden Mandate, nur noch eine Stimme abgeben. Dieses als Single Non-Transferable Vote (SNTV) bezeichnete Wahlsystem erfüllte den gewünschten Zweck. Da den meisten Wählern ihre Stammessolidarität oder materielle Erwartungen wichtiger waren als der Kampf gegen Israel, gingen regimekritische Parteien stark geschwächt aus dem Urnengang hervor, die Islamisten kontrollierten insgesamt noch ein Viertel der Sitze, obwohl sie mit 27,5% mehr Stimmen als 1989 erhalten hatten.

Nach den Wahlen kam es im Zusammenhang mit der Unterzeichnung des Friedensvertrags mit Israel im Oktober 1994 zu einer wachsenden politischen Polarisierung und schließlich auch zur Einführung drakonischer Pressegesetze im Vorfeld der Wahlen 1997, die von den meisten jordanischen Parteien boykottiert wurden. Sie hatten vergeblich eine Rückkehr zum ursprünglichen Wahlsystem gefordert. Das Königshaus hielt ebenfalls an seiner manipulativen Form der Wahlkreiseinteilung zu Lasten der Palästinenser fest. Die letzten Wahlen 2003 zu einem leicht vergrößerten Parlament bestätigten weitgehend die etablierten Kräfteverhältnisse. Das Gewicht der Islamisten ging weiter auf unter 20% der Sitze zurück, während die linksnationalistische Opposition erstmals überhaupt keine Mandate mehr gewann.

Parlamentswahlen in *Kuwait* haben dagegen unter relativ stabilen institutionellen Rahmenbedingungen stattgefunden. Am Verbot von politischen Parteien wurde bis heute festgehalten, ebenso an der Entscheidung für ein relatives Mehrheitswahlsystem. Die anfangs wie in Jordanien relativ großen Wahlkreise (mit mehreren Stimmen) wurden bei den Wahlen 1981 erstmals zu Zweierwahlkreisen verkleinert. Mit dieser Maßnahme wollte das Herrscherhaus, ähnlich wie in Jordanien, die stärker werdenden, parteiähnlich operierenden Islamisten treffen, was aber nur zum Teil gelang. Auch die Unterbrechung des parlamentarischen Prozesses führte nicht zur Etablierung eines folgsameren Parlaments. Die Wahlen seit der Befreiung von der irakischen Okkupation 1991 haben in relativ großer Kontinuität Parlamente hervorgebracht, in denen sowohl Islamisten als auch Liberale je ca. ein Drittel der Sitze halten. Da jedoch alle Abgeordneten als Unabhängige gewählt werden und feste Parteistrukturen daher fehlen, fiel es dem Herrscherhaus in der Regel leicht, die Parlamentarier gegeneinander auszuspielen. Auch waren die Islamisten in einen schiitischen und einen sunnitischen Block gespalten und dem Herrscherhaus gegenüber keineswegs feindlich eingestellt. Dennoch war der Einfluss der Islamisten in den 1990er Jahren spürbar, etwa in der Frage der Geschlechtertrennung an der Universität des Landes. Bei den Wahlen 2003 deutete sich erstmals der Niedergang des liberalen Blocks an. Auseinandersetzungen um Änderungen am Wahlsystem führten zu einer weiteren Regierungskrise und Neuwahlen im Juni 2006, an denen erstmals auch Frauen als Wählerinnen und Kandidatinnen teilnehmen durften. Eine informelle Allianz von Liberalen und Islamisten forderte eine Vergrößerung der Wahlkreise, um Stimmenkauf und den Einfluss der Stammesführer zurückzudrängen. Nach dem überraschend deutlichen Wahlsieg der Reformer (35 der 50 Sitze) beschloss das neue Parlament am 17.7.2006 eine drastische Reduzierung der Wahlkreise von 25 (mit je 2 Sitzen) auf 5 (mit je 10 Sitzen). Erstmals hat diese oppositionelle Allianz eine so große Mehrheit im Parlament, dass die Regierung selbst unter Aufbietung aller stimmberechtigten 15 Minister Gesetzesvorlagen nicht einfach zurückweisen kann, sofern die Opposition geschlossen abstimmt. Diese neue Konstellation könnte entweder die Regierung zu weiteren Kompromissen zwingen oder zu einer erneuten Auflösung des Parlaments führen.

Indirekte Wahlen zu Konsultativorganen wurden in *Oman* ohne erkennbaren öffentlichen Druck oder sichtbare politische Opposition in den 1990er Jahren eingeführt. Dabei schlugen Versammlungen von traditionellen Führern, Intellektuellen und Geschäftsleuten aus Omans 59 Provinzen je zwei Kandidaten vor, aus denen der Sultan dann eine Person auswählte. Im Jahr 2000 wurde dieser Konsultativrat erstmals durch Volkswahl (der männlichen Bevölkerung) bestimmt, wobei die Wahlbevölkerung nicht von der öffentlichen Verwaltung, sondern von den Stammesräten und Gouverneuren in den 59 Provinzen ausgewählt wurde. Ein knappes Viertel der Bevölkerung ließ sich letztlich registrieren. Zugleich verzichtete der Sultan auch auf sein letztes Auswahlrecht, so dass die Kandidaten mit den meisten Stimmen automatisch gewählt waren. Insgesamt 541 Kandidaten und Kandidatinnen bewarben sich um die 83 Sitze, dabei wurden auch zwei Frauen gewählt. 2003 erhielten alle erwachsenen Bürger und Bürgerinnen des Landes das Wahlrecht zugesprochen, obwohl sich nur schätzungsweise 32% registrieren ließen. Die Wahlen führten nur zu geringen Veränderungen in der Zusammensetzung des Konsultativrats, wobei die meisten Abgeordneten sich als Repräsentanten ihrer ethnischen Gruppen verstanden. Politische Parteien blieben verboten.

Nach einer kurzlebigen Erfahrung mit einem gewählten Parlament zwischen 1972 und 1973 wurde in *Bahrain* in den 1990er Jahren als Reaktion auf den wachsenden innen- und außenpolitischen Druck zunächst eine nicht gewählte beratende Versammlung von Volksvertretern einberufen. Die in Bahrain regierende Herrscherfamilie ist sunnitisch, die Bevölkerungsmehrheit hingegen schiitisch. Dies hat ihre Chancen auf politische Partizipation lange Zeit verringert. Mit dem Amtsantritt von Scheich Hamad bin Isa al-Khalifa 1998 beschleunigte sich dann das Tempo der politischen Reformen. Bahrain wurde im Dezember 2000 zur konstitutionellen Monarchie erklärt und Volkswahlen zu einem Parlament angekündigt. Die vom König beschlossenen Reformen wurden im Februar 2001 von der Bevölkerung gebilligt und die ursprüngliche Verfassung von 1973 mit einigen entscheidenden Modifikationen wieder in Kraft gesetzt. Allerdings blieben politische Parteien verboten, auch wurde dem Unterhaus ein vollständig ernannter Konsultativrat (*Shura*) zur Seite gestellt, dessen Präsident zugleich als Präsident des gesamten Parlaments fungiert. Die Parlamentswahlen fanden schließlich im Oktober 2002 statt. Die meisten offiziell verbotenen Parteien (darunter drei schiitisch-islamistische und drei säkularistisch-linksgerichtete) beschlossen einen Boykott, so dass sich insgesamt nur 190 Kandidaten (und damit weniger als bei den kurz zuvor durchgeführten Kommunalwahlen) beteiligten. Sunnitische Islamisten gingen als Sieger aus den Wahlen hervor und sicherten sich eine Mehrheit im Parlament; außerdem wurden auch zwei schiitische Islamisten gewählt, trotz eines offiziellen Boykottaufrufs ihrer Gruppierungen. Um das Übergewicht der religiösen Gruppen auszugleichen, ernannte der König eine Reihe von säkularistischen und liberalen Kandidaten sowie sechs Frauen in den Konsultativrat. An den Wahlen im November 2006 nahmen hingegen alle wichtigen Oppositionsgruppen teil, und ihnen gelang es, 17 der 40 Sitze zu gewinnen. Aus dem säkularistischen Lager konnte sich nur ein einziger Kandidat durchsetzen; Islamisten sunnitischer und schiitischer Provenienz kontrollierten damit 29 der 40 gewählten Sitze. Die Regierung hatte bereits im Vorfeld der Wahlen 2002 durch manipulative Einteilung der Einerwahlkreise dafür gesorgt, dass aus den schiitischen Wohngebieten trotz deren 70%igen Bevölkerungsanteils maximal 50% der Sitze gewählt würden.

Tab. 2: Pluralistische Parlamentswahlen in den Monarchien

Land	Datum	Wahlsystem	Regierungs-mehrheit (in%)
Marokko	03.06.1977	Rel. MW in EWK	53
	02.10.1984	Rel. MW in EWK	48
	25.06.1993	Rel. MW in EWK	46
	14.11.1997	Rel. MW in EWK	34
	27.09.2002	Rel. MW in EWK	57
Jordanien	08.11.1989	Rel. MW in MWK	19
	08.11.1993	SNTV	68
	04.11.1997	SNTV	78
	17.06.2003	SNTV	81
Kuwait	20.10.1992	Rel. MW in 2WK	36
	23.10.1996	Rel. MW in 2WK	38
	03.07.1999	Rel. MW in 2WK	28
	05.07.2003	Rel. MW in 2WK	42
	29.06.2006	Rel. MW in 2WK	28
Oman	01.12.2000	Rel. MW in E/2WK	100*
	04.10.2003	Rel. MW in E/2WK	100*
Bahrain	24.10.2002	Abs. MW in EWK	100*
	25.11.2006	Abs. MW in EWK	55

Stand: 31.12.2006; Eigene Zusammenstellung auf der Grundlage von Nohlen/ Grotz/ Hartmann (2001); Abkürzungen werden im Glossar aufgelöst.

* Parteien sind nicht zugelassen. Da in Bahrain alle Oppositionsgruppen die Wahl 2002 boykottierten, vertraten alle ins Parlament gewählten Abgeordneten, die islamistischen eingeschlossen, letztlich eine royalistische Position. 2006 nahm die Opposition teil und gewann 45% der zur Wahl stehenden Sitze. In Oman gab es keine erkennbare Opposition.

Was lässt sich nun abschließend zu den Parlamentswahlen in den Monarchien sagen? Bei den Wahlsystemen ergibt sich ein ziemlich homogenes Bild: Überall kommen unterschiedliche Varianten von Mehrheitswahlsystemen zum Einsatz, allerdings zumeist in kleinen Wahlkreisen. Da in allen genannten Staaten bis auf Marokko und (seit 1997 Jordanien) Parteien verboten sind, wären Verhältniswahlsysteme technisch auch gar nicht durchführbar. Parteien spielen folglich in den Monarchien insgesamt eine weitaus geringere Rolle, trotzdem sind Parlamentswahlen eine kompetitive Angelegenheit. Im Schnitt mussten jedenfalls die Regime in weitaus stärkerem Maße als die republikanischen Systeme mit nicht linientreuen Parlamenten leben. Die These, dass ein fragmentiertes Parlament, selbst mit vielen unabhängigen Abgeordneten, den Interessen der Monarchen durchaus entgegenkommt, da es ihre Schiedsrichterrolle unausweichlich macht, hat einiges für sich.

Tatsächlich fällt es in diesen Regimen schwerer, eine klare Regierungsmehrheit im Parlament zu bilden. Die entsprechenden Zahlen in der letzten Spalte der Tabelle 2 beruhen auf Schätzungen von Experten vor Ort, die auch bei parteilosen Kandidaten beurteilen können, ob diese dem Regierungslager zuzuordnen sind oder nicht.

Da die Monarchen für ihr politisches Überleben nicht auf eine dominante Partei im Parlament angewiesen sind, zeichnen sich die politischen Rahmenbedingungen von Wahlen durch weniger Repression und Wahlbetrug aus als in den Präsidialrepubliken. Die Könige Marokkos und Jordaniens waren, so scheint es, ernsthaft an einem pluralistischen politischen Prozess in ihrem Land interessiert. Andererseits gibt es in allen Fällen eine Tradition der Auflösung oder Suspendierung von Parlamenten, auch wenn dies in den 1990er Jahren nicht mehr vorgekommen ist. Die Golfmonarchien sind ihren eigenen kontrollierten Weg der Einführung von Wahlen gegangen, wobei sich in Bahrain und Kuwait recht lebhafte und kompetitive politische Prozesse abspielen, die von den Herrscherhäusern unterstützt werden, so lange ihre Autorität nicht angegriffen wird.

In den drei verbleibenden Monarchien der Arabischen Halbinsel Katar, Saudi-Arabien und den Vereinigten Arabischen Emiraten (VAE) werden Parlamente (bislang) nicht gewählt. In den VAE fanden am 16.12.2006 erstmals indirekte Wahlen statt, bei denen die Hälfte der 40 Sitze im Föderalen Nationalrat vergeben wurde. Hoffnungen auf eine Volkswahl erfüllten sich jedoch nicht, und ein eigens eingerichtetes Ministerium hatte stattdessen ein Wahlgremium von 6.689 Bürgern, darunter 1.189 Frauen (18%) ausgewählt, die allein wählen und gewählt werden dürfen. Nach offiziellen Angaben handelte es sich dabei um einen repräsentativen Querschnitt der Bevölkerung, wobei islamistische Gruppierungen jedoch ausgeschlossen wurden. Insgesamt kandidierten 456 der Wahlmänner und -frauen. Die Vereinigten Arabischen Emirate blieben mit diesen Wahlen noch weit hinter den bescheidenen Standards der anderen Golfmonarchien zurück. In Katar werden die Wahlen zu 30 der 45 Sitze in der beratenden Versammlung Anfang 2007 stattfinden, die von der 2003 beschlossenen und 2005 in Kraft getretenen Verfassung vorgesehen sind.

2.2.3 Die Sonderfälle Libanon, Palästina und post-Saddam Irak

Abschließend wollen wir uns drei Sonderfällen zuwenden, in denen Parlamentswahlen eine bedeutende Rolle zu spielen vermochten.

Im September und Oktober 1992 fanden die ersten Parlamentswahlen im *Libanon* seit Ausbruch des Bürgerkriegs 1975 statt. Die Wahlen sollten gleichsam das Abkommen von Ta'if (1989) besiegeln, in dem alle Konfliktparteien sich auf ein modifiziertes politisches System für das Land geeinigt hatten. Obwohl die Wahl tatsächlich eine Rückkehr zur politischen Normalität signalisierte, gab es dennoch zahlreiche Proteste gegen die syrische Militärpräsenz an den Wahltagen und den starken Einfluss Syriens auf die Auswahl der Kandidaten, die auch zum Wahlboykott des gesamten christlich-maronitischen Lagers führte, so dass die ‚Regierungskandidaten' ca. 90% der Sitze gewannen. Andererseits kam es in einzelnen Wahlkreisen zu starkem Wettbewerb, so dass auch Angehörigen des Establishments ein Wahlsieg keineswegs garantiert war. So wurde z. B. der Sohn des Staatspräsidenten nicht gewählt. Neben Vertretern der alten politischen ‚Familien' aus der Zeit vor dem Bürgerkriegs gab es im Parlament auch eine große Zahl neuer Abgeordneter, die weder aus dem ländlichen Großgrundbesitz noch dem Großbürgertum stammten.

Institutionell bedeuteten die Wahlen eine Fortführung des bisherigen Mehrheitswahlrechts in Wahlkreisen, deren einzelne Sitze nach dem konfessionellen Proporz festgelegt waren. Aufgrund dessen treten – wie bereits vor 1975 – in den Wahlkreisen konkurrierende Listen an, die entsprechend dem jeweiligen Wahlkreisproporz zusammengestellt werden. Entscheidend ist der genaue Zuschnitt der Wahlkreise, da dieser entscheidet, welche Religionsgemeinschaft jeweils in der Mehrheit ist. Die Wahlen 1996 wurden – trotz erneuter Anpassungen bei den Wahlkreisen – wieder von den christlich-maronitischen Gruppierungen boykottiert und von Syrien massiv beeinflusst. Daher überraschte der noch deutlichere Sieg der pro-syrischen Kräfte niemanden.

Dagegen endeten die Wahlen 2000 trotz der massiven syrischen Militärpräsenz im ganzen Land mit einer deutlichen Niederlage der pro-syrischen Parteien. Drei oppositionelle Gruppierungen setzten ihren Wahlboykott fort. Wahlsieger waren die Gruppierungen des früheren Premierministers und erfolgreichen Geschäftsmannes Rafiq Hariri, des Drusenführers Walid Jumblat und des früheren Präsidenten Amin Jemayel (1982–1988). Hariri formte zusammen mit der schiitischen *Amal-Hisbollah*-Allianz eine Koalition und wurde erneut zum Ministerpräsidenten gewählt. Die Wahlen im Mai und Juni 2005 waren die ersten nach dem Abzug der syrischen Armee und der Ermordung Hariris im Februar 2005. Auch die Parteien und Gruppen, die die Wahlen 1996 und 2000 noch boykottiert hatten, nahmen nun daran teil. Die Wahlen waren gekennzeichnet von neuen Allianzen und Koalitionen, aber insgesamt standen sich dennoch oppositionelle und Präsident Lahud loyale Kräfte gegenüber. Der Opposition gelang ein deutlicher Sieg mit 72 direkt gewonnenen Sitzen sowie weiteren 18 ihnen nahestehenden Parlamentariern, womit sie auch die Möglichkeit erhielten, das Amt des Premierministers zu beanspruchen.

In den *Palästinensischen Autonomiegebieten* (*PA*) wirkte 1996 das Mehrheitswahlrecht in relativ großen Wahlkreisen (mit bis zu zwölf Stimmen) zugunsten der etablierten und stärksten Partei. Jassir Arafats *Fatah*-Bewegung kontrollierte nicht nur die Regierung, sondern war auch die Partei mit der längsten Geschichte und dem größten historischen Nimbus. Die Zusammenlegung von Präsidentschafts- und Parlamentswahlen wirkte ebenfalls zugunsten der *Fatah*. So erklärt sich, dass diese mit einem 30%-Stimmenanteil 58% der Sitze gewinnen konnte. Unabhängige Kandidaten und Kandidatinnen (darunter viele *Fatah*-Aktivisten, die nicht als offizielle Wahlkreiskandidaten berücksichtigt worden waren), erhielten 60% der Stimmen, aber nur 39% der Sitze. *Fatah*s Sieg wurde möglich durch den Wahlboykott konkurrierender Fraktionen in der Palestinian Liberation Organization (PLO) und der *Hamas*. Seit 1999 und dann verstärkt seit 2002 gab es Forderungen nach Neuwahlen. Diese wurden jedoch von Arafat unter Verweis auf den israelischen Einmarsch und den gewaltsamen Aufstand (*Intifada*) stets zurückgewiesen. Nach Arafats Tod wurde eine demokratische Rekonstituierung des palästinensischen Gemeinwesens möglich.

Im Vorfeld der Wahlen 2006 wurde ein neues Wahlsystem verabschiedet. Es sieht vor, dass die Hälfte der Sitze (66) als Direktmandate in 16 Wahlkreisen vergeben wird, die andere Hälfte getrennt über nationale Parteilisten. Präsident Abbas hatte sich zunächst für ein reines Verhältniswahlrecht stark gemacht, da die *Fatah* hoffte, den Einfluss der *Hamas* so beschränken zu können. Dass diese Einschätzung richtig war, zeigten die Wahlergebnisse. Während *Hamas* auf der nationalen Liste nur mit knappem Vorsprung vor der *Fatah* landete (44,4% zu 41,4%), konnte die Hamas knapp 70% aller in den Wahlkreisen vergebenen Sitze gewinnen. Insgesamt waren die Wahlen ein Wettbewerb zwischen zwei Allianzen: Dem von der *Hamas* angeführten Bündnis ‚Wandel und Reform', das 74 Sitze gewann und dem *Fatah*-Block, der 45 Sitze gewann. Andere Parteien und Unabhängige erhielten lediglich 13 Sitze.

Im *Irak* haben seit der Etablierung der Übergangsregierung 2003 zwei Wahlen stattgefunden. Im Januar 2005 wählte die Bevölkerung die Mitglieder einer Verfassungsgebenden Versammlung, die im Laufe des Jahres einen Verfassungsentwurf vorlegte. Nach der Ratifizierung dieser Verfassung im Oktober fanden schließlich im Dezember 2005 die ersten Parlamentswahlen statt. Trotz der logistischen Herausforderungen und terroristischen Gewaltdrohungen nahmen die Iraker in großer Zahl an beiden Wahlen teil, bei den Dezemberwahlen mit einer Beteiligung von 79,6 %.

Genau wie in den Palästinensischen Autonomiegebieten resultierten die Begleitumstände und Ergebnisse der Wahlen aus einer Kombination innerer und äußerer Einflüsse. Im Irak hatte z. B. die provisorische US-Verwaltung kurz vor der Übergabe der Amtsgeschäfte die Grundzüge des zukünftigen parlamentarischen Wahlsystems festgelegt. Die Präferenz für ein Verhältniswahlsystem wurde allerdings von den meisten irakischen Politikern geteilt, wenn auch primär aus pragmatischen Gründen. Eine gerechte, auf realistischen Bevölkerungszahlen beruhende Einteilung von kleinen Wahlkreisen wäre nämlich in der Kürze der Zeit und unter den administrativen Restriktionen des Wiederaufbaus nicht möglich gewesen. Die gravierenden ethnisch-religiösen Differenzen, die sich auch im Verfassungsgebungsprozess spiegelten, mussten unweigerlich auch in den Wahlen zum Vorschein kommen.

Das Grunddilemma besteht in der asymmetrischen Verteilung der wichtigsten natürlichen Ressourcen des Landes auf die drei Siedlungsgebiete der (arabischen) Schiiten, (arabischen) Sunniten und (gemischtreligiösen, aber vorwiegend sunnitischen) Kurden sowie der historischen Hypothek der Privilegierung der sunnitischen Araber (ca. 20% der Bevölkerung) durch das Regime Saddam Husseins bei gleichzeitiger Marginalisierung und Unterdrückung der beiden anderen Volksgruppen. Die Wahlen fungierten letztlich als Referendum, bei dem jede Gruppe eigene religiös-ethnisch definierte Ansprüche in der neuen politischen Ordnung durchsetzen musste. Zu diesem Zweck wurden Parteienbündnisse etabliert, die innerhalb ihrer jeweiligen Region quasi ein Monopol erlangten. Gruppenübergreifende, bzw. bewusst säkularistische Parteien wie die Iraqi National List des Übergangspremiers Allawi blieben demgegenüber chancenlos; ihnen wurde z. T. selbst der Wahlkampf in schiitischen Gebieten verwehrt. Das Verhältniswahlsystem trug wesentlich zu dieser Konstellation bei, da es durch die zentrale Aufstellung der Parteilisten (mit 275 Kandidaten) wenig Raum für einen genuin lokalpolitischen Wettbewerb mit lokalen Akteuren gab. Statt die irakische Politik zu pluralisieren, trugen die Wahlen daher eher zur Etablierung verschiedener autonomer regionaler Einparteiensysteme bei, wobei allerdings die Kohäsion der verschiedenen Parteiallianzen, gerade bei Kurden und Schiiten, kaum die Dominanz einer einzigen politischen Bewegung in der jeweiligen Region erlauben wird.

Wichtigster Unterschied zwischen beiden Wahlen war, dass die wichtigsten sunnitischen Parteien die Wahl der Verfassungsgebenden Versammlung im Januar 2005 in der Hoffnung boykottierten, den gesamten Prozess der Staatsbildung dadurch aufhalten zu können. Nachdem sie eingesehen hatten, dass ihnen dies nicht gelingen würde, entschlossen sie sich zur Teilnahme an den Wahlen im Dezember. Einige, das Wahlsystem betreffende Bestimmungen waren ebenfalls zwischen Januar und Dezember geändert worden, u. a. wurde die Verhältniswahl nicht nur auf nationaler Ebene, sondern primär auf Provinzebene angewandt. 80% der insgesamt zu vergebenden Sitze wurden den Parteien auf Provinzebene proportional zugeteilt, die restlichen 20% gemäß der nationalen Stimmenanteile verrechnet. Dies bedeutete, dass unabhängig von der Wahlbeteiligung jede Provinz einen vorher festgelegten Prozentsatz an Sitzen erhalten würde. Diese Veränderungen waren entscheidend für die Bereitschaft der sunnitischen Parteien, sich an den Wahlen zu beteiligen, bewirkten aber ansonsten keine wesentlichen Veränderungen in der Dynamik des Parteienwettbewerbs. Da auch die schiitische

United Iraqi Alliance eine Zweidrittelmehrheit verpasste, mussten zur Regierungsbildung und Wahl des Staatspräsidiums Koalitionen gebildet werden.

Tab. 3: Pluralistische Parlamentswahlen im Libanon, den PA und im Irak

Land	Datum	Wahlsystem	Regierungsmehrheit (in %)
Libanon	23.08.1992	Rel. MW in MWK	90
	18.08.1996	Rel. MW in MWK	95
	27.08.2000	Rel. MW in MWK	28
	29.05.2005	Rel. MW in MWK	30
PA	20.01.1996	Rel. MW in MWK	71
	25.01.2006	Grabensystem	34
Irak	30.01.2005	VW	-*
	15.12.2005	VW	-*

Stand: 31.12.2006; Eigene Zusammenstellung auf der Grundlage von Nohlen/ Grotz/ Hartmann (2001); Abkürzungen werden im Glossar aufgelöst.
* Vor der Wahl der Verfassungsgebenden Versammlung gab es keine irakische Regierung im eigentlichen Sinne, danach eine Übergangs-Mehrparteienregierung, in der außer den Sunniten alle wesentlichen Parteien vertreten waren.

2.3 Präsidentschaftswahlen

Während sich bei den Parlamentswahlen in einer ganzen Reihe von Ländern deutliche Trends hin zu einer stärkeren Pluralisierung, wenn nicht sogar Demokratisierung abzeichnen, lässt sich für die Präsidentschaftswahlen nicht das Gleiche behaupten.

In den meisten arabischen Ländern wird der Staats- und Regierungschef nicht direkt vom Volk gewählt. Bei acht Staaten handelt es sich um Monarchien oder Emirate, in denen das Amt des Staatschefs erblich ist. Dies sind die Golfstaaten Bahrain, Katar, Oman, Saudi-Arabien und die Vereinigten Arabischen Emirate. Jordanien, Kuwait und Marokko haben sich in den letzten Jahren in Richtung

Tab. 4: Präsidentschaftswahlen in der arabischen Welt seit 1980

Staat	Amtszeit/Wdh.	Wahlen	Stimmenanteil
Ägypten	6/unbegrenzt	13.10.1981	98.5%
		05.10.1987	97.1%
		04.10.1993	96.3%
		26.09.1999	93.8%
		07.09.2005	**88.6%**
Algerien	5/2	12.01.1984	99.4%
		22.12.1988	93.3%
		16.11.1995	**61.0%**
		15.04.1999	**73.7%**
		08.04.2004	**83.5%**
Jemen	7/2	23.09.1999	96.2%
		20.09.2006	77.2%
Palästina	5/unbegrenzt	20.01.1996	**88.2%**
		09.01.2005	**67.4%**
Syrien	7/unbegrenzt	10.02.1985	100.0%
		02.12.1991	100.0%
		10.02.1999	100.0%
		10.07.2000	99.7%
Tunesien	5/unbegrenzt	02.04.1989	100.0%
		20.03.1994	100.0%
		24.10.1999	**99.5%**
		24.10.2004	**94.5%**

Stand: 31.12.2006; Eigene Zusammenstellung auf der Grundlage von Nohlen/ Grotz/ Hartmann (2001); Abkürzungen werden im Glossar aufgelöst. Pluralistische Wahlen, d. h. solche mit mehreren Kandidaten, sind fett markiert.

konstitutioneller Monarchien weiterentwickelt. Dort ist das Amt des Staatschefs von dem des Regierungschefs getrennt. Letzterer wird zwar vom Monarchen ernannt, bedarf aber des Vertrauens des Parlaments. Eine Volkswahl des Staatschefs fehlt auch in den Republiken Irak (seit 2004), Libanon und Libyen, wenn auch aus unterschiedlichen Gründen. In Libyen steht seit 1969 der Revolutionsführer Mu'ammar al-Qaddafi an der Spitze der Sozialistischen Libyschen Arabischen Volksrepublik, in den parlamentarischen Regierungssystemen Iraks und Libanons wird der Präsident vom Parlament gewählt.

Wie aus Tabelle 4 deutlich wird, gibt es in fünf arabischen Staaten sowie den Palästinensischen Autonomiegebieten eine Volkswahl des Staatspräsidenten. Lange Zeit ähnelten diese Wahlen Plebisziten. Die Bevölkerung konnte dem einzigen Kandidaten, dem amtierenden Staatschef, nur zustimmen oder ihn ablehnen; in einigen Fällen waren Nein-Stimmen nicht erlaubt und die einzige Form der Ablehnung bestand in der Abgabe einer ungültigen Stimme oder der Wahlenthaltung. Es handelte sich also weniger um eine Wahl als um eine Akklamation. Das Vorschlagsrecht lag in all diesen Fällen beim Parlament, in dem nur eine Partei vertreten oder dominant war, so dass es nur einen einzigen Kandidaten geben konnte. Es handelte sich also um Wahlen ohne Wettbewerb.

Algerien war der erste arabische Staat, der mehrere Kandidaten zu Präsidentschaftswahlen zuließ. Diese Wahlen 1995 konnte der Kandidat der Militärs, Liamine Zéroual, deutlich für sich entscheiden. Bei einer hohen Wahlbeteiligung gewann der Kandidat der gemäßigten Islamisten, Mahfud Nahnah, 3 Mio. Stimmen (25%), ungefähr so viel wie der FIS bei den Parlamentswahlen 1991. Nach dem vorzeitigen Rücktritt von Präsident Zéroual wurden am 15.4.1999 Neuwahlen durchgeführt, zu denen vom Verfassungsrat sieben Kandidaten zugelassen wurden. Nahnah war nicht unter diesen, weil er keine Bescheinigung über seine Teilnahme am algerischen Befreiungskrieg vorlegen konnte, eine der unzähligen Qualifikationen, die Kandidaten vorzuweisen haben. Der Wahlkampf verlief unter relativ freien und fairen Bedingungen, alle Parteien waren letztlich an einem Gelingen der Wahlen interessiert. Dennoch zogen kurz vor der Wahl sechs der sieben Kandidaten ihre Bewerbung mit der Begründung zurück, Armee und Verwaltung hätten die Wahlen bereits zugunsten ihres Kandidaten Abdelaziz Bouteflika (FLN) gefälscht. Da die Wahlzettel bereits gedruckt waren und die staatlichen Medien den Rückzug der Kandidaten nicht publik machten, wurden die Stimmen für diese Kandidaten dennoch als gültige gezählt. Offiziell erhielt Bouteflika knapp 74% der abgegebenen Stimmen bei einer Wahlbeteiligung von 60%. Bouteflika, der nach seiner Wahl deutliche Fortschritte bei der Befriedung des Landes und den Wirtschaftsreformen machen konnte, wurde am 9.4.2004 mit 83,5% der Stimmen wiedergewählt. Sein Hauptkontrahent, der vom Präsidenten 2003 entlassene Premierminister Ali Benflis, kam hingegen nur auf 7,9% der Stimmen. Viele Beobachter hatten im Vorfeld ein relativ offenes Rennen zwischen den beiden ‚Staatskandidaten' erwartet und den Sieg eines der beiden Kandidaten im ersten Wahlgang für unwahrscheinlich gehalten. Die naheliegenden Beschwerden der Opposition über Wahlbetrug wurden durch unabhängige Beobachter nicht bestätigt. Diese konzentrierten sich jedoch auf den Wahltag selbst und ließen den großen Einfluss der Administration auf die Wählerregistrierung und die Medien außer Acht. Mit dem Wahlergebnis näherte Bouteflika jedenfalls sein Land wieder stärker der ‚arabischen Norm' an.

Auch in *Palästina* fanden pluralistische Wahlen zur Präsidentschaft statt. Während die Wahlen 1996 aus einem eher symbolischen Wettbewerb zwischen Yassir Arafat und einer politisch relativ unerfahrenen 74-jährigen Aktivistin bestanden, den Arafat mit 88,2% der Stimmen für sich entschied, war das Rennen bei den zweiten Wahlen im Januar 2005, die nach Arafats Tod stattfanden, wesentlich offener. Sieben Kandidaten bewarben sich um Arafats Nachfolge. Letztlich konnte sich Arafats Weggefährte und frühere Ministerpräsident Mahmud Abbas relativ deutlich im ersten Wahlgang durchsetzen, bei einer allerdings schwachen Wahlbeteiligung.

Abbas größter potentieller Rivale, der in israelischer Haft sitzende Marwan Barghuti, hatte seine Kandidatur im Dezember 2004 zurückgezogen, die Anführer von *Hamas* und Islamischem *Jihad* weigerten sich teilzunehmen, weil dies einer Anerkennung des Oslo-Abkommens gleichgekommen wäre, auf dem die PA beruhte. Trotz dieser Einschränkungen und Betrugsvorwürfe, die von Oppositionellen vorgebracht wurden, handelte es sich um die ersten kompetitiven Präsidentschaftswahlen in der arabischen Welt.

Jemen und *Tunesien* hielten 1999 erstmals pluralistische Präsidentschaftswahlen ab. In beiden Fällen fand nur im formalen Sinne ein politischer Wettbewerb statt; jedenfalls unterschied sich, etwa in Tunesien, die Zustimmungsrate für den Präsidenten nur unwesentlich von den vorhergegangenen Wahlen, bei denen es keinen Gegenkandidaten gegeben hatte. Einen ernsthaften Wahlkampf gegen den Staatschef führen zu können, wurde in Tunesien für so aussichtslos gehalten, dass die beiden größten legalen Oppositionsparteien und die meisten zivilgesellschaftlichen Gruppen die Kandidatur von Präsident Ben Ali öffentlich unterstützten, statt selbst Gegenkandidaten aufzustellen. Bei den Wahlen 2004 hatte Ben Ali drei Gegenkandidaten, darunter auch den früheren Vorsitzenden der Kommunistischen Partei Mohammed Halouani, der aber nur 0,9% der Stimmen erhielt. Auch im *Jemen* gab es 1999 lediglich einen Gegenkandidaten, der ebenfalls aus der Regierungspartei kam, so dass diese Wahlen eher einem Plebiszit nach syrischem Modell als einer tatsächlichen Präsidentschaftswahl entsprachen. Da auch hier Kandidaten die Unterstützung von 10% der Parlamentsabgeordneten benötigten, hätten ohnehin nur die Islamisten einen Gegenkandidaten aufstellen können; diese hatten aber bereits im Vorfeld angekündigt, Präsident Salehs Kandidatur zu unterstützen. Um die Fassade einer pluralistischen Wahl zu wahren, wurde ein völlig unbekannter Kandidat aus der Regierungspartei vom Parlament zum Gegenkandidaten bestimmt. Dieser hatte im Vorfeld der Wahlen betont, keinen Wahlsieg anzustreben, sondern die „demokratische Erfahrung in Jemen fördern“ zu wollen. Die Präsidentschaftswahlen im September 2006 bedeuteten schon einen weitaus offeneren Wettbewerb. Die Islamisten und Sozialisten hatten sich auf einen gemeinsamen Kandidaten verständigt, den früheren Ölminister Faisal bin Shamlan, der nun bei einer Wahlbeteiligung von 58% immerhin 21% der Stimmen gegen Saleh erreichte. In *Tunesien* haben Reformen der Wahlbestimmungen in den letzten Jahren das verfassungsmäßig verankerte Wiederwahlverbot abgeschafft, so dass einem Präsidenten auf Lebenszeit wie in den arabischen Monarchien oder quasi-monarchischen Systemen wie in Syrien nichts mehr im Wege steht.

Im Februar 2005 kündigte schließlich auch *Ägyptens* Staatschef Mubarak überraschend an, die Verfassung seines Landes ändern zu wollen, um bei den im September anstehenden Präsidentschaftswahlen Gegenkandidaten zuzulassen. Zudem werde ausnahmsweise von der Verfassungsklausel abgesehen, dass Präsidentschaftskandidaten über die Unterstützung einer Mindestanzahl von Parlamentsabgeordneten verfügen müssten. Alle legalen Parteien könnten Kandidaten aufstellen. Die Ankündigung löste zunächst rege Debatten aus und gab der zivilgesellschaftlichen Protestbewegung neuen Auftrieb. In den folgenden Monaten wurde jedoch deutlich, dass Mubarak und die NDP keineswegs die Kontrolle über den Wahlprozess aufgeben wollten. Die neuen rechtlichen Bestimmungen, die die Möglichkeiten der Opposition, bei zukünftigen Präsidentschaftswahlen anzutreten, nahezu zunichte machen, wurden detailliert in der neuen Verfassung festgeschrieben und ohne Zustimmung der Opposition von der NDP im Alleingang verabschiedet. Alle Oppositionsparteien und auch die Muslimbrüder beschlossen daraufhin, das Verfassungsreferendum zu boykottieren. Die Wahlen am 7.9.2006 endeten mit dem deutlichen Sieg Mubaraks, der 88,6% der Stimmen erhielt. Als bester von neun Oppositionskandidaten kam Ayman Nur auf 7,6% der Stimmen. Die Opposition hatte zahlreiche Unregelmäßigkeiten im Wahlkampf beklagt, *Kifaya* und Teile der legalen Opposition hatten zum Boykott des Urnengangs aufgerufen, nicht aber die Muslimbrüder.

Bisher ist es der Opposition in arabischen Staaten noch nie gelungen, bei Präsidentschaftswahlen die Amtsinhaber ernsthaft in Bedrängnis zu bringen. Nirgendwo erzwangen sie einen zweiten Wahlgang. Nimmt man die von Präsidenten erreichten Stimmenmehrheiten zum Maßstab, bestand diese Möglichkeit am ehesten in Algerien 1995 und in Palästina 2005, wo Zéroual und Abbas kandidierten, ohne über langjährige Erfahrung in der Führung von Partei und Verwaltung zu verfügen.

Die Ergebnisse von Präsidentschaftswahlen sind offensichtlich kein Beleg für die tatsächliche Popularität der Staatschefs. Oppositionspolitiker werden entweder durch zahlreiche administrative Auflagen bzw. schlichte Willkür nicht zur Kandidatur zugelassen, oder im Wahlkampf behindert. Im Jemen und in Ägypten kontrolliert weiterhin das Parlament, wer sich zur Wahl stellen darf. Die Opposition ruft daher in aller Regel zum Boykott dieser Wahlen auf. Die Wahlbeteiligung (so wenig man den offiziellen Angaben auch Glauben schenken darf) bleibt daher fast immer deutlich unter der von Parlamentswahlen; auch dies ist ein Indikator für den deutlich niedrigeren Grad an Wettbewerb.

2.4 Kommunalwahlen

Wahlen auf lokaler und regionaler Ebene werden in beinahe allen arabischen Staaten durchgeführt. Da diese Parlamente in aller Regel über nur sehr geringe oder gar keine Entscheidungsrechte verfügen, ziehen sie auch nur geringe Aufmerksamkeit auf sich, zumal die lokale Ebene auch keine eigenständige politische Dynamik hervorbringt, die sich von der nationalen Politik unterscheidet.

Während sich also etwa in Algerien, Libanon, Marokko oder Palästina der relativ stark ausgeprägte nationale Parteienwettbewerb auch auf der lokalen Ebene widerspiegelt, zeigen die Kommunalwahlen in Tunesien und Ägypten die gleichen Symptome wie Parteienverbote und eine praktisch vollständige Kontrolle aller Lokalparlamente, die sich auch auf nationaler Ebene beobachten lassen.

Zu den interessantesten Entwicklungen der letzten Jahre gehört aber, dass gerade in jenen Ländern, in denen es gar keine gewählten Parlamente auf der nationalen Ebene gibt bzw. die Parlamentswahlen stark reglementiert bleiben, die kommunale Ebene als Experimentierfeld angesehen wird, auf dem das Instrument der Wahlen oder spezifische Institutionen und ihre politischen Auswirkungen erprobt werden können. In Staaten ohne demokratische Erfahrungen, so das Argument, würden Wahlen auf nationaler Ebene nur zu religiösen Konflikten führen, während auf der lokalen Ebene eine Chance bestehe, dass Wähler sich für diejenigen Kandidaten entschieden, die sich am besten für gute kommunale Dienstleistungen einsetzten.

Im Folgenden soll daher die Gruppe der Golfstaaten im Mittelpunkt stehen, in denen kommunale Wahlen eine solche Eigendynamik zu gewinnen scheinen, weniger die Kommunalwahlen jener Staaten, in denen sich auf der lokalen Ebene lediglich die nationalen Muster widerspiegeln.

In *Bahrain* wurden am 9.5. und 16.5.2002 erstmals fünf Gemeinderäte mit jeweils zehn Sitzen in direkten Wahlen besetzt, an denen Frauen und Männer über 21 Jahren oder Bürger und Bürgerinnen anderer Golfstaaten, die über Grundbesitz in Bahrain verfügen, teilnehmen durften. Die Kommunalwahlen waren die ersten Wahlen überhaupt, die in Bahrain nach 27-jähriger Unterbrechung und der Einleitung der Reformen in den 1990er Jahren durchgeführt wurden. Trotz der limitierten Kompetenzen der Gemeinderäte erhielten die Wahlen dadurch eine große Bedeutung. Mehr als 300 Kandidaten bewarben sich für die 50 Sitze, darunter 31 Frauen. Bei einer recht hohen Wahlbeteiligung von bis zu 80% in einigen Wahlkreisen (im Landesschnitt 51%) gewannen religiös orientierte Kandidaten 38 der 50 Sitze, während liberale oder linke Kandidaten wie auch alle Kandidatinnen leer ausgingen. Vor dem Hintergrund der langjährigen gewaltsamen Ausschreitungen zwischen radikalen linken und schiitischen Gruppen und Sicherheitskräften verlief der Wahlgang ohne gewaltsame Zwischenfälle. Obwohl die meisten siegreichen Kandidaten einem als oppositionell geltenden schiitischen Bündnis zuzurechnen waren, war der Testlauf aufgrund des friedlichen Charakters des Urnengangs und der hohen Wahlbeteiligung aus der Sicht Scheich Hamad bin Isa al-Khalifahs offensichtlich erfolgreich verlaufen, so dass am 24.10.2002 auch Parlamentswahlen durchgeführt wurden (siehe dazu Abschnitt 2.2.2).

In *Katar* fanden im März 1999 Kommunalwahlen statt. Es handelte sich um die erste Volkswahl, die dort jemals abgehalten wurde und zugleich um die erste in einem Golfstaat, an der Frauen wählen durften. Sie diente ganz offensichtlich als Ersatz für die vom Emir in Aussicht gestellte Parlamentswahl, denn obwohl es im Prinzip neun Kommunen im Land gibt, handelte es sich um Wahlen zu einem einzigen landesweiten ‚Kommunalrat', in dem 29 Abgeordnete der verschiedene Kommunen vertreten waren. Dieser nationale Lokalrat darf freilich nur über kommunale Angelegenheiten beraten und lokale Gebühren und Steuern erheben. 248 Kandidaten, darunter sechs Frauen, stellten sich zur Wahl, an der sich 85% der eingeschriebenen Wähler und Wählerinnen beteiligten. Allerdings hatten sich nur schätzungsweise 30% der Wahlbevölkerung registrieren lassen. Die meisten der 29 Sitze wurden von jüngeren gut ausgebildeten Mitgliedern der prominenten Familien gewonnen, zwei bekannte Kritiker der Regierung, darunter ein früherer Justizminister, wurden jedoch nicht gewählt. Die zweiten Wahlen fanden im April 2003 statt. Nur noch 88 Kandidaten bewarben sich nun um die 29 Sitze. Erstmals wurde dabei auch eine Frau gewählt. Anders als in Bahrain dienten die Kommunalwahlen in Katar nicht als direkte Vorbereitung nationaler Wahlen, die mehrmals verschoben und nun für die zweite Jahreshälfte 2007 angekündigt wurden.

Auch in *Saudi-Arabien* stellten die 2005 durchgeführten Kommunalwahlen die erste Wahlerfahrung in der Geschichte des Staates dar, obwohl es in den 1950er und 1960er Jahren bereits vereinzelte gewählte Gemeinderäte gegeben hatte. Vor dem Hintergrund wachsenden externen Drucks hatte Kronprinz Abdallah einen Nationalen Dialog initiiert und im Oktober 2003 die Einführung von beratenden Räten auf kommunaler Ebene bekannt gegeben, in denen jeweils die Hälfte der Sitze durch Volkswahl bestellt werden sollte. Obwohl von Anfang an klar war, dass die Gemeinderäte wenig formale oder tatsächliche Kompetenzen haben würden, galt die Durchführung der Wahlen dennoch als erster wesentlicher Schritt auf dem Weg zu einer stärkeren Beteiligung der Bevölkerung am politischen Prozess. Die Wahlen zu insgesamt 178 Kommunalräten in den 13 Provinzen des Landes fanden nach mehrmaligen Verschiebungen in drei Etappen zwischen dem 10.2. und 21.4.2005 statt. Frauen durften an diesen Wahlen weder als Kandidatinnen noch als Wählerinnen teilnehmen, wahlberechtigt waren Männer über 20 Jahren, die nicht den Sicherheitskräften angehören. Die Wahlbeteiligung war besonders hoch in den östlichen, mehrheitlich von Schiiten bewohnten Provinzen. Freilich hatte sich nur eine kleine Minderheit der wahlberechtigten Bürger überhaupt registrieren lassen (knapp 800.000 bei einer geschätzten Gesamtbevölkerung von ca. 24 Millionen). Überall kam es zu regen Wahlkämpfen, bei denen sich traditionelle Praktiken (z. B. Gedichtrezitationen) mit modernster Technologie (SMS-Kampagnen) verbanden, mit zahlreichen Kandidaten, beispielsweise in der Hauptstadt Riad 645 und in Jiddah knapp 500 für jeweils sieben zu vergebende Sitze. Insgesamt setzten sich überall im Land islamistische Kandidaten durch, die jedoch in der Mehrheit als moderat gelten. Dass die neugewählten Institutionen erst Ende 2005 nach mehr als acht Monaten ihre Funktion aufnehmen konnten, bestätigte die Skepsis vieler Beobachter. Es wurde auch erst nach den Wahlen klar, dass die Bürgermeister der 178 Räte jeweils von der Regierung aus dem Kreis der ernannten Mitglieder ausgewählt würden, und dass diese Bürgermeister die Tagesordnung und Beschlussfassung der Gemeinderäte weitgehend bestimmen sollten.

Dass die Durchführung von Kommunalwahlen den herrschenden Eliten als Experimentierfeld bei der Gewährung von politischer Beteiligung dient, belegt auch Kuwait, wo ein teilweise gewählter Stadtrat (in Kuwait-Stadt) bereits seit 1932 existierte. Auch die syrische Regierung, die in einem mehrjährigen Programm mit dem Entwicklungshilfeprogramm der Vereinten Nationen ein neues Wahlgesetz für die Lokalwahlen ausgearbeitet hat, gab am 28.9.2005 bekannt, bei den nächsten Kommunalwahlen erstmals einen stärkeren Wettbewerb zuzulassen, und vom Prinzip einer einzigen Liste abzugehen, bei der die Wähler lediglich Präferenzen innerhalb der vorgegebenen Liste äußern können. Die These, wonach Kommunalwahlen einen obligatorischen Testlauf vor Einführung nationaler Wahlen darstellen, lässt sich freilich nicht in allen Fällen bestätigen. In Oman und den Vereinigten Arabischen Emiraten gibt es zwar zum Teil Gemeinden und kommunale Verwaltungen, diese verfügen jedoch nicht über gewählte Organe. Oman führte 2000 Direktwahlen zum Nationalen Konsultativrat ein, und die VAE indirekte Wahlen im Dezember 2006, ohne vorher Kommunalwahlen durchgeführt zu haben.

3. Wer darf wählen? Probleme politischer Partizipation

3.1 Rechtliche Einschränkungen

Einschränkungen des Wahlrechts sind ein guter Indikator für die Möglichkeiten politischer Partizipation. Wer nicht wählen darf, dem sind in aller Regel auch andere Formen der politischen Beteiligung, wie Mitwirkung in freiwilligen Verbänden oder Demonstrationen untersagt. Die arabische Welt gehört im internationalen Vergleich zu jenen Regionen, in denen nur wenige politische Rechte respektiert werden. Wo überhaupt keine Wahlen stattfinden, lässt sich kaum über Einschränkungen des Wahlrechts reden. Im zweiten Kapitel haben wir jedoch gesehen, dass sich im Lauf der letzten Jahre immer weniger Staaten dem Trend zur Abhaltung von Wahlen haben entziehen können. Im Folgenden soll daher ein Überblick über die Entwicklung des Wahlrechts in der Region gegeben werden.

Historisch ist in allen Staaten das Wahlrecht sukzessive erweitert bzw. erkämpft worden, bleibt jedoch bestimmten Einschränkungen unterworfen. Während aus demokratischer Perspektive Wahlrechtsbeschränkungen auf Grundlage von Geschlecht, Bildung, Besitz, Rasse oder Religion nicht als akzeptabel gelten, gibt es weltweit Einschränkungen hinsichtlich des Alters und der mentalen Verfassung. In vielen Staaten haben auch Angehörige der Streitkräfte kein Wahlrecht.

In der arabischen Welt wurde das allgemeine Wahlrecht graduell seit Beginn der Selbstverwaltung in den 1920er Jahren ausgeweitet. Anfangs war das Wahlrecht, z. B. in Ägypten, auf Grundstückseigentümer und Gebildete beschränkt, bis im Jahre 1946 in allen unmittelbaren (arabischen) Nachfolgestaaten des Osmanischen Reichs (Ägypten, Syrien, Libanon, Irak, Jordanien) das allgemeine Männerwahlrecht eingeführt wurde. Die analphabetische Bevölkerungsmehrheit wurde jedoch an der Wahlbeteiligung durch das administrative Erfordernis behindert, dass die Namen der Kandidaten handschriftlich auf den Wahlzetteln eingetragen werden mussten. In Kombination mit der offenen Stimmabgabe wurde dadurch Wahlfälschung im großen Stil ermöglicht. Die Idee des allgemeinen Männerwahlrechts war stark genug, um auch eine Abschaffung der Sonderrepräsentationsrechte für die sog. ‚Minderheiten' (hauptsächlich Christen und Juden) in Syrien und Irak durchzusetzen, während sie in Jordanien aufrechterhalten wurden. In Marokko, Algerien, Tunesien und Jemen wurde jeweils mit den ersten Wahlen nach der Unabhängigkeit das allgemeine Männerwahlrecht eingeführt.

In den Golfstaaten Kuwait und Bahrain galt seit den ersten Wahlen (1962 bzw. 1973) im Prinzip ein allgemeines Männerwahlrecht. Bis 2005 waren in Kuwait jedoch nur 15% der Bürger wahlberechtigt, da neben den Frauen und Mitgliedern der Streitkräfte ganz allgemein alle, die die Staatsbürgerschaft seit weniger als 30 Jahren besaßen, vom Wahlrecht ausgeschlossen blieben. Bei den Wahlen 1999 in Kuwait gab es z. B. knapp 113.000 registrierte Wähler (oder 14,6% von ca. 772.000 Staatsbürgern). Zusätzlich existieren erschwerte Bedingungen für den Erwerb der Staatsbürgerschaft, von der 1999 ca. 55% der kuwaitischen Bevölkerung ausgeschlossen blieben, so dass letztlich weniger als 7% der kuwaitischen Bevölkerung über ein Wahlrecht verfügten. Selbst nach den Reformen von 2005 (alle Kuwaitis sind nun wahlberechtigt, die nicht in den Sicherheitsdiensten arbeiten und seit mehr als 20 Jahren die Staatsangehörigkeit besitzen) bleibt ein beträchtlicher Teil der Bevölkerung ohne Wahlrecht, vor allem die Beduinen. Auch in Bahrain und Oman blieb und bleibt das Wahlrecht auf einen ähnlich kleinen Teil der Bevölkerung beschränkt. So galt in Oman bis 2000 ein Mindestwahlalter von 30 Jahren. In Katar, Saudi-Arabien und den Vereinigten Arabischen Emiraten hat die Bevölkerung bisher überhaupt kein Wahlrecht, sieht man einmal von der Wahl von Gemeinderäten mit stark begrenzten Kompetenzen ab.

Das Frauenwahlrecht wurde in mehreren Stufen gewährt, wobei es z. T. erst Jahre später in Kraft trat. Den Anfang machten Irak (1948), Syrien (1952), Libanon (1953) und Ägypten (1956), wo es

Abbildung 1: Einführung des Frauenwahlrechts

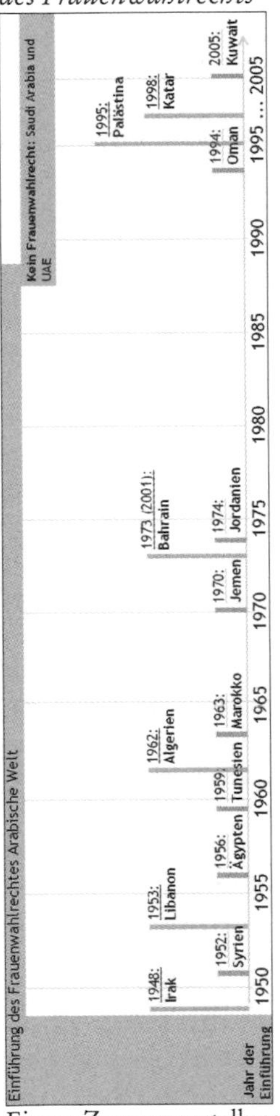

Eigene Zusammenstellung

jeweils nur wenige Jahre nach dem allgemeinen Männerwahlrecht eingeführt wurde. Allerdings trat es im Libanon erst 1957 in Kraft, in Syrien und im Irak wurde es zwischenzeitlich wieder abgeschafft; in Syrien war es nach der Einführung des Frauenwahlrechts 1953 den Frauen erst seit dem 1971 durchgeführten Präsidentschaftsreferendum möglich, tatsächlich an Wahlen teilzunehmen. Im Irak können Bürgerinnen erst seit 1980 an den nationalen Wahlen teilnehmen. In den drei Maghreb-Staaten Marokko (1963), Tunesien (1959) und Algerien (1962) sowie im marxistischen Südjemen (1970) und in den PA (1995) wurde hingegen das allgemeine Wahlrecht für Frauen wie für Männer gleichzeitig eingeführt.

Zu den Staaten, in denen die Frauen lange auf die Gewährung des Wahlrechts warten mussten, gehörte neben Nordjemen (1991) insbesondere Jordanien. Hier konnten Frauen erstmals 1984 wählen, nachdem zehn Jahre zuvor die entsprechenden gesetzlichen Grundlagen geschaffen worden waren. Der zweite Fall ist Kuwait, wo sich langjährige Debatten um das Frauenwahlrecht entwickelten. Zwar durften (oder dürfen) Frauen auch in den anderen Golfstaaten nicht wählen, dort besaßen (bzw. besitzen) aber auch die Männer meist kein Wahlrecht. Kuwait kann jedoch auf eine lange Wahlgeschichte zurückblicken und anhand der schwierigen Auseinandersetzungen, die schließlich zur Durchsetzung des Frauenwahlrechts im Jahre 2006 führten, lässt sich die Komplexität des Problems gut illustrieren.

Bereits seit den 1970er Jahren hatten sich Frauengruppen in dem Golfstaat für das Frauenwahlrecht eingesetzt. In den Wahlkämpfen unterstützten einige dieser Gruppen aktiv männliche Kandidaten, die als liberal galten. Nach der Befreiung Kuwaits durch die alliierten Truppen hofften viele Frauen auf einen Durchbruch in der Frage der politischen Rechte, der jedoch ausblieb. Die Traditionalisten, fest verankert in den patriarchalischen Stammeskulturen und die ‚modernen' Islamisten bildeten zusammen eine klare Mehrheit gegenüber den liberalen Säkularisten.

Frauenrechte gerieten so in den Mittelpunkt der Auseinandersetzungen zwischen Säkularisten und Islamisten einerseits sowie zwischen Traditionalisten und Demokraten andererseits. Die Islamisten sind in Kuwait weniger revolutionär als traditionell gesinnt und stellen auch den Herrschaftsanspruch der al-Sabah-Familie nicht in Frage. Auch sind Schiiten und Sunniten in dieser Frage gespalten. Im Gegensatz zur gemischten Erziehung, die beide Konfessionen ablehnen, haben sich die schiitischen Parlamentarier seit 1992 für Frauenrechte stark gemacht. Auch unter den weiblichen Islamistinnen setzten sich verstärkt jene Gruppen durch, die für ein aktives Wahlrecht eintraten.

Für viele Beobachter überraschend erließ der Emir Kuwaits im Mai 1999 ein Dekret, mit dem das Frauenwahlrecht ab den Wahlen 2003 Gültigkeit besitzen sollte. Dieses Dekret wurde vom Parlament im November 1999 mit 32 zu 30 Stimmen zurückgewiesen. Dekrete, die außerhalb der Sitzungsperiode des Parlaments erlassen werden, bedürfen der Zustimmung des Parlaments, sobald dieses wieder zusammentritt. Das Dekret erging während einer stürmischen Phase der kuwaitischen Innenpolitik: Der Emir hatte das Parlament im Mai 1999 aufgelöst und Neuwahlen für den 3.7. anberaumt. Bereits bei der Konstituierung des neuen Parlaments wurde deutlich, dass es unter den Parlamentariern erheblichen Widerstand gegen das Dekret gab, in dem unpopuläre wirtschaftspolitische Maßnahmen mit der Frage der Frauenrechte verknüpft worden waren. Auch die Säkularisten waren sich in ihrer Unterstützung für das Frauenwahlrecht nicht restlos einig, galten die Frauen doch als Wählerpotential der Islamisten, womit die Initiative des Emirs letztlich einen Ausbau der konservativen Mehrheit im Parlament bewirkt hätte. Fünf Jahre nach dem gescheiterten ersten Versuch beschloss der Ministerrat im Mai 2004, dem Parlament einen erneuten Gesetzesentwurf vorzulegen. In einem überraschenden Schritt kündigten die sunnitischen Islamisten im Juni an, nicht länger prinzipiell gegen das Frauenwahlrecht zu sein, solange Frauen nicht als Kandidatinnen antreten dürften. Die Beratungen im zuständigen Ausschuss des Parlaments zogen sich dennoch in die Länge. Nachdem ein Gesetzesvorhaben zur Gewährung des Frauenwahlrechts bei Kommunalwahlen Anfang Mai 2005 überraschend keine Mehrheit gefunden hatte, beschloss das Parlament am 16.5. mit 35 zu 23 Stimmen die Einführung des aktiven und passiven Frauenwahlrechts bei den Parlamentswahlen. Möglich wurde dies durch eine Ergänzung des Gesetzestexts, demzufolge sich Frauen ‚bei Wahlkampf und Stimmabgabe nach den Regeln des islamischen Rechts zu betragen hätten'. Die praktische Bedeutung dieser Bestimmung blieb offen, sie ermöglichte jedoch die Zustimmung einer hinreichenden Zahl islamistischer und tribaler Abgeordneter.

Auch dort, wo Frauen Wahlrecht gewährt wurde, bedeutete dies keineswegs, dass sie diese Rechte auch tatsächlich in Anspruch nehmen konnten. Religiöse Autoritäten haben sich immer wieder, u. a. durch religiöse Rechtsgutachten (*fatwa*), gegen eine solche Beteiligung ausgesprochen. Die Möglichkeit zur freien Ausübung des Wahlrechts ist durch den Einfluss von Vätern, Brüdern oder Ehemännern sowie durch den generell geringeren Bildungsstand von Frauen im Vergleich zu Männern eingeschränkt. Dies haben zuletzt die Berichte des Entwicklungsprogramms der Vereinten Nationen

(UNDP) zur menschlichen Entwicklung in der Arabischen Welt noch einmal eindrücklich mit Zahlen belegt.

Auch in Ägypten waren trotz der von Nasser eingeführten Registrierungspflicht für Frauen und Männer noch 1986 nur 18% der registrierten Wähler Frauen. Frauenspezifische Themen tauchen in Wahlkampagnen nicht auf und nur wenige Frauen sind in der Politik aktiv. Viele Regierungen tun offensichtlich nur relativ wenig, um an diesen Zuständen etwas zu ändern, auch um die radikalislamische Opposition in ihren Ländern nicht herauszufordern.

3.2 Politisch-administrative Einschränkungen

In welchem Maße Wahlen die politische Partizipation der Bevölkerung ermöglichen, hängt neben den rechtlichen auch von administrativen Faktoren ab. Bestimmte Bevölkerungsgruppen können systematisch nicht registriert werden, Bürger durch Gewalt am Wahlakt gehindert oder in ihrer Wahlentscheidung wesentlich beeinflusst werden.

Insbesondere die Regeln und Praktiken der Wählerregistrierung bleiben heftig umstritten. Meist haben Oppositionsparteien und Zivilgesellschaft keine Mitspracherechte bei der Erstellung und Überprüfung der Wählerregister. Oft gibt es kurz vor den Wahlen, wie 1999 in Tunesien, noch Nachregistrierungen, mit dem offensichtlichen Ziel, die Zahl der registrierten Wähler anzuheben. In Algerien konnten 1991 schätzungsweise 10% der potentiellen Wähler nicht wählen, da sie keine Wählerkarten erhalten hatten und ihre Namen in den Wählerregistern fehlten. Auch die marokkanischen Parteien beklagen sich seit Jahren über Doppelregistrierungen, fehlende Aktualisierung der Listen und das sog. *parachutage*, die Registrierung von Wählern außerhalb ihres eigentlichen Wahlkreises.

Vergleicht man die potentielle Zahl von Wählern in den arabischen Staaten mit den tatsächlich registrierten Wählern, dann tritt eine erstaunliche Kluft zu Tage. Geringe Registrierungsquoten können zwar auch ein rationales Verhalten von Wählern angesichts von relativ bedeutungslosen Wahlen darstellen, doch ist zu vermuten, dass es sich hier eher um eine Mischung aus administrativer Ineffizienz und politisch gewollter selektiver Auswahl von loyalen Wählern handelt.

Hierzu gehörte auch die nicht gerade eindeutige Handhabung des Wahlrechts im Ausland befindlicher Bürger durch die arabischen Regime. Einerseits folgten die Regierungen nicht dem internationalen Trend, von der traditionellen Bedingung abzugehen, dass registrierte Wähler einen permanenten Wohnsitz innerhalb des entsprechenden Wahlkreises haben müssen. Staatsbürgern, die im Ausland leben, war eine Teilnahme an Wahlen in ihrem Herkunftsland nur möglich, wenn sie dazu anreisten. Algerien führte jedoch eine entsprechende Regelung Mitte der 90er Jahre wieder ein, weil man vermutete, die im Ausland befindlichen Staatsbürger (immerhin ca. 770.000) würden mehrheitlich die traditionellen säkularistischen Parteien und nicht die Islamisten wählen. Ähnliche Hintergedanken waren verantwortlich für die Ausweitung der Bürger- und Wahlrechte in Bahrain auf die im Land lebenden Einwohner der anderen Mitgliedsstaaten des Golfkooperationsrates, da hierdurch der relative Anteil der Sunniten an der Wahlbevölkerung (zu der die Herrscherfamilie gehört) im Vergleich zu den Schiiten erhöht werden sollte. Das neue Wahlrecht Iraks und einiger Golfstaaten (Oman) sieht ebenfalls seit den Wahlen im Dezember 2005 das Wahlrecht für Bürger und Bürgerinnen im Ausland vor.

Sichern die administrativen und gesetzlichen Rahmenbedingungen der Bevölkerung ein umfassendes Wahlrecht zu, können Wahlen maßgeblich zur Konstituierung politischer Gemeinschaften beitragen. Gerade in den Staaten, in denen die nationale Identität besonders schwach ausgeprägt war (wie z. B. im Libanon), konnten sich in einem gewählten Parlament die Vertreter unterschiedlicher Regionen und Konfessionen austauschen und Formen friedlicher Kooperation erproben. Für die Palästinenser symbolisierten die ersten Wahlen mehr als alles andere die neugewonnene Souveränität eines palästinensischen Staates. Werden andererseits einzelnen Gruppen elementare Bürgerrechte und damit auch das Wahlrecht vorenthalten (wie den Kurden in Syrien), können sich diese kaum als Teil einer gemeinsamen ‚nationalen' Bevölkerung fühlen. Wahlen müssen freilich nicht in jedem Fall zur geglückten Integration politischer Gemeinschaften beitragen. Im Jemen zeigten die ersten Wahlen nach der Unabhängigkeit in aller Deutlichkeit den größeren Bevölkerungsanteil Nordjemens. Auch das mehrheitliche Votum der Südjemeniten für ihre vormalige Einheitspartei YSP bewahrte diese nicht vor der Rolle des Juniorpartners in der großen Koalition. Diese Position einer ‚strukturellen' Minderheit, die einen Wahlsieg im vereinigten Jemen mittelfristig unwahrscheinlich machte, trug maßgeblich zur politischen Radikalisierung der YSP-Führung und zum Ausbruch des Bürgerkriegs bei.

4. Wer darf gewählt werden? Probleme politischer Repräsentation und Integration

Der Wahlwettbewerb um politische Ämter kann unterschiedlich stark reglementiert sein, und Wahlen können daher zu einer mehr oder weniger genauen Repräsentation aller relevanten sozialen, politischen oder konfessionellen Akteure in Parlamenten und Regierungsämtern führen. Dabei sind zwei Aspekte zu unterscheiden: Zum einen geht es um die Frage, ob wesentliche gesellschaftliche Interessengruppen in Wahlämtern repräsentiert sind, zum zweiten ist von Bedeutung, welche Typen von politischen Akteuren diese Repräsentationsfunktion wahrnehmen. In der arabischen Welt geht es bei der ersten Frage insbesondere um die Einbindung islamistischer Gruppen in das politische System. In einigen Ländern, z. B. Irak oder Libanon, spielt aber auch die Repräsentation unterschiedlicher religiöser und kultureller Gruppen in Wahlen eine große Rolle. Frauen sind in Wahlämtern ebenfalls stark unterrepräsentiert oder gar nicht vertreten. Bei der zweiten Frage nach den Typen politischer Akteure geht es um die Funktion von politischen Parteien für die Repräsentation dieser unterschiedlichen gesellschaftlichen Interessengruppen. Schließlich werden wir uns mit der Frage befassen, wie die nicht- oder unterrepräsentierten Interessengruppen reagieren und welche Bedeutung Wahlen dabei erlangen.

4.1 Strategien im Umgang mit den Islamisten

Wenige Aspekte von Wahlen in der arabischen Welt haben so viel Aufmerksamkeit gerade auch im Ausland auf sich gezogen wie die Frage, in welcher Form radikale islamische Gruppen und Parteien an Wahlen teilnehmen dürfen und sollen, bzw. welche Erfolgschancen ihnen dabei eingeräumt werden. Angesichts der drohenden Machtübernahme des algerischen FIS bei den Parlamentswahlen im Dezember 1991 ging es sowohl um die Frage, ob man einer vermeintlich undemokratischen Partei erlauben solle, die Macht auf demokratischem Weg zu erreichen wie auch um die Konsequenzen, die dies für die algerische Gesellschaft, die entstehende Demokratie und die Frauenrechte haben würde. Zweitens standen die Folgen, die ein solcher Machtwechsel für die Region insgesamt und die Beziehungen zu Europa haben würde, im Mittelpunkt der Debatten. Zu ähnlichen Fragen führte der Wahlsieg der radikalislamischen *Hamas* bei den palästinensischen Parlamentswahlen im Januar 2006. Allgemein wurde ihr Sieg jedoch primär mit der besonderen Situation in Palästina erklärt. In den 14 Jahren, die zwischen der algerischen und der palästinensischen Wahl vergangen waren, mussten praktisch alle arabischen Staaten Antworten auf diese Gretchenfrage der arabischen Politik, den Umgang mit islamistischen Gruppen finden.

In vielen arabischen Staaten stellen islamistische Gruppen die am besten organisierte und finanziell schlagkräftigste Oppositionsbewegung mit der breitesten politischen Unterstützung dar (wobei sich dies ohne freie Wahlen kaum zweifelsfrei überprüfen lässt). Demokratisch-säkularistische Kräfte bleiben zumeist auf Teile der städtischen Mittelschichten beschränkt. Als pro-westlich geltende Parteien sind nach jahrzehntelanger antiwestlicher Propaganda durch die herrschenden Regime, linke und islamistische Oppositionsbewegungen sowie aufgrund der den westlichen Werten teilweise deutlich widersprechenden Politik der westlichen Staaten in den Augen der Mehrheit der Bevölkerung kaum eine Alternative. Für den Aufstieg der Islamisten besonders bedeutsam sind aber ohne Zweifel in vielen Ländern die wirtschaftlichen und sozialen Krisen seit den 1980er Jahren sowie die fehlende Legitimation vieler Regime. Diese konnten ihre Herrschaft weder auf umfassende politische Beteiligung stützen noch auf das verblasste Ideal des arabischen Nationalismus. Folgerichtig wurden sie gerade von den modernisierten Teilen der Bevölkerung als unmoralisch und korrupt angesehen. Das Argument, wonach eine politische und moralische Erneuerung daher nur auf Grundlage der religiösen Ordnung, d. h. des Islams, erfolgen konnte, erschien vielen Menschen überzeugend. Der religiöse Bezugsrahmen vermochte eine Vielzahl ganz unterschiedlicher Gruppierungen aus verschiedenen Gesellschaftsschichten unter einem vagen Programm zu vereinen, wobei sie ganz unterschiedliche ideologische Positionen zur Demokratie einnehmen. Obwohl einerseits viele Gruppen untereinander vernetzt sind, müssen sie in einzelnen Ländern jeweils landesspezifische Strategien entwickeln, da der Islam für die Legitimierung der Regime in Marokko oder Saudi-Arabien eine fundamental andere Rolle spielt als in Syrien oder Tunesien.

Im folgenden Abschnitt soll daher die Integration islamistischer Gruppen in die jeweiligen politischen Systeme und die Rolle, die Wahlen dabei spielen, etwas genauer beleuchtet werden. Dies erfolgt zunächst aus der systemischen Perspektive der Anreize und Strategien, die von den dominierenden Eliten verwendet wurden und werden. Die Interessen und möglichen Strategien der islamistischen Gruppierungen werden im vierten Unterkapitel (4.4) dargestellt. Eine Typologie von Michael Hudson aufgreifend lassen sich fünf Regimestrategien im Umgang mit radikalen islamischen Gruppen unterscheiden: (1) Gewaltsame Ausschaltung, (2) Marginalisierung, (3) Prävention, (4) Kontrollierte Integration, (5) Integration.

Die erste Strategie der vollständigen und notfalls gewaltsamen Ausschaltung beruht auf der Annahme, dass islamistische Organisationen eine inakzeptable Gefahr für die Stabilität des Regimes darstellen und „chirurgisch“ entfernt werden müssen. Beinahe jede arabische Regierung ist irgendwann einmal mit ihren Sicherheitskräften gegen islamistische Radikale vorgegangen. Zu diesen Regimen gehören neben Syrien, dem Irak Saddam Husseins und Libyen auch Algerien in der Zeit zwischen 1991 und 1995. Im Irak und in Syrien starben in den 1980er Jahren jeweils mehrere tausend islamistische Aktivisten. Dies war eine auf den ersten Blick recht erfolgreiche Strategie, nimmt man die politische Stabilität der jeweiligen Regime als Indikator. Die gewaltsame Unterdrückung der Islamisten geht dabei Hand in Hand mit der Ausschaltung jeder anderen Form von oppositioneller politischer Aktivität. Falls unter diesem

Modell Wahlen stattfinden, handelt es sich in der Regel um nichtkompetitive Wahlen, wie im Irak und in Syrien. Andere Regime, die ähnliches versuchten, wie etwa die algerischen Militärs seit 1992, mussten ihr Scheitern nach einem Bürgerkrieg, der bis zu 100.000 Opfer gefordert hat, letztlich eingestehen. Offensichtlich hatte ihr Repressionsapparat nicht die gleiche Effizienz, und die Islamisten hatten im Zeitraum nach 1988 bereits zu stark die staatlichen Institutionen und Sicherheitskräfte infiltriert, als dass sie durch eine „chirurgische" Operation hätten ausgeschaltet werden können. Mit der Rückkehr zu konstitutionellen Formen der Herrschaft seit Mitte der 1990er Jahre ist Algerien zur Strategie der kontrollierten Integration übergegangen; Islamisten lassen sich dort nicht mehr marginalisieren.

Eine zweite Strategie besteht nicht in der offenen gewaltsamen Ausschaltung, sondern in der Marginalisierung der Islamisten durch Zermürbung. Hierzu gehören die kontinuierliche Anwendung von strafrechtlichen Instrumenten, Schikanierung durch Sicherheitskräfte und bürokratische Auflagen. Die besten Beispiele hierfür sind Ägypten (in den 1990er Jahren) und Tunesien (seit 1990). In beiden Ländern hatten die Staatschefs ihre Herrschaft mit dem Angebot einer weitgehenden Integration aller politischen Kräfte angetreten. Sowohl Mubarak als auch Ben Ali kehrten 1990 zur Repression zurück. Mubarak hatte seit Beginn der 1980er Jahre versucht, moderate Muslimbrüder in die Politik zu integrieren, um extremistische Gruppen zu isolieren. Zwar durfte die Muslimbruderschaft nicht als politische Partei antreten, konnte mit einigem Erfolg (37 Sitze bei den Wahlen 1987) aber auf Listen anderer Parteien kandidieren. 1990 boykottierten sie die Wahlen wie praktisch alle anderen Oppositionsparteien. Danach begann die Zermürbungsstrategie Mubaraks. Er vermied die offene Konfrontation mit dem organisierten Islam im Land und ließ z. B. islamistische Zeitungen weiter erscheinen. In Tunesien bedeutete das überraschend gute Abschneiden der Islamisten bei den Wahlen 1989 das Ende der Integrationsstrategie. Obwohl Ben Ali die *al-Nahda*-Partei nicht wie andere Oppositionsparteien zu den Wahlen zugelassen hatte, durften ihre Kandidaten als Unabhängige kandidieren. Sie gewannen dabei landesweit 15% der Stimmen, obwohl sich dies aufgrund des Wahlsystems in keinem einzigen Mandat im Parlament niederschlug. Aus Protest gegen diese Benachteiligung boykottierte *al-Nahda* die Regional- und Kommunalwahlen im Juni 1990, worauf es zu Massenverhaftungen von 8000 Islamisten innerhalb von zwei Monaten kam. Offensichtlich ließ sich Ben Ali von den Ereignissen im benachbarten Algerien beeindrucken. Dort hatte eine weitgehende Integrationsstrategie fast zum Sturz des Regimes geführt. Im Rahmen solcher Marginalisierungsstrategien finden folglich Wahlen statt; Islamisten sind aber als Parteien gar nicht und als Einzelkandidaten nur in besonderen Fällen zugelassen.

Die dritte Strategie der Prävention bedeutet die Übernahme „islamischer" Politik durch die Regierung. Vom Regime nicht ausdrücklich erlaubte islamistische Aktivität wird hier mit dem Argument verboten, dass dieses Regime selbst durch islamische Politik legitimiert sei. Auf eine solche Präventionsstrategie können jedoch nur jene Regierungen zurückgreifen, die sich mit einiger Plausibilität auf eine solche islamische Legitimität berufen können. In Marokko ist der König nicht einfach nur Monarch, sondern zugleich der Anführer der Gläubigen und Abkömmling des Propheten Mohammed. In Saudi-Arabien beruft sich die Wahhabiten-Dynastie auf eine besonders strenge Form des Islams, die seit den 1920er Jahren durch die wichtige Rolle islamischer Rechtsgelehrter im Regime gestützt wird. Der König nennt sich zudem ‚Wächter der beiden heiligen Stätten' (Mekka und Medina). Der Verweis auf eine islamische Legitimität hat jedoch das Aufkommen islamistischer Bewegungen in beiden Staaten nicht verhindert, zumal diese einem anderen sozialen Milieu entstammen als die herrschenden Eliten. In Saudi-Arabien hat das Regime radikalislamische Gruppierungen relativ gut unter Kontrolle halten können. In Marokko gab es zum Zeitpunkt des Auftretens der Islamisten bereits ein breites Spektrum politischer Parteien und Gruppen, so dass die Islamisten sich nicht nur gegen das Regime, sondern auch gegen ihre bereits etablierten säkularistischen Mitbewerber durchsetzen mussten.

Regime, denen die militärischen Fähigkeiten zur Ausschaltung und Marginalisierung sowie die religiöse Legitimation zur Prävention radikalislamischer Parteien fehlen, bleibt nur die Möglichkeit der politischen Integration der Islamisten. Dabei lassen sich zwei Varianten unterscheiden, die bisher eher übliche Strategie der kontrollierten Integration und die Strategie des unbeschränkten Wettbewerbs. In beiden Fällen spielt die Beteiligung an Wahlen eine wesentliche Rolle. Integrationsstrategien sind in den meisten Fällen begrenzt geblieben, d. h. einerseits werden eine Reihe von islamistischen Gruppen und Parteien zugelassen, andererseits werden institutionelle Rahmenbedingungen geschaffen, die diesen Gruppen das Erreichen einer dominanten Position unmöglich machen. Zumeist werden dabei vor Wahlen Grundregeln des politischen Wettbewerbs im Rahmen eines Paktes definiert, der die Loyalität aller politischen Kräfte zur bestehenden Verfassungsordnung sichern soll sowie die ausländische Unterstützung von Parteien und offen religiöse Bezüge in Parteinamen und -aktivitäten untersagt. Religiöse Organisationen werden nicht unbedingt verboten oder unterdrückt, ihnen wird lediglich verwehrt, unter Bezug auf den Islam an Wahlen teilzunehmen. Beispiele hierfür sind Jordanien und Jemen. In beiden Ländern haben islamistische Parteien oder Gruppierungen an Wahlen teilgenommen und waren vorübergehend sogar an Regierungen beteiligt. In Jordanien wurde auch ein Muslimbruder zum Parlamentspräsidenten gewählt. Strategien der begrenzten Integration sind überall dort wahrscheinlich, wo es zu keiner forcierten Säkularisierung unter autoritären Bedingungen gekommen ist. Im Jemen stehen islamistische Kräfte dem Regime aus historischen Gründen einfach näher als in Algerien oder Syrien.

Schließlich gibt es die Strategie der unkontrollierten Integration. Hierbei werden islamistischen Parteien wie alle anderen politischen Akteure behandelt; dies geschieht unter der Voraussetzung, dass sich radikale islamistische Organisationen an die Verfassungsprinzipien halten. Diese Strategie ist bisher in Algerien 1988–1991, im Libanon, in Palästina, im Irak (seit 2003) sowie in den Golfmonarchien Bahrain und Kuwait zum Einsatz gekommen. Während Yassir Arafat Mitte der 1990er Jahre die islamistischen Milizen noch zu kontrollieren wusste, sah sich sein Nachfolger dazu weder imstande noch willens. Im Libanon ist der wachsende Einfluss radikaler Milizen durch die verfassungsrechtliche Festschreibung von Sitzen und Ämtern für die verschiedenen religiösen Gruppen begrenzt worden. Die politischen Institutionen dienten hier weniger der Marginalisierung einer bestimmten religiösen Bewegung als der Einhegung und Normalisierung der Beteiligung sämtlicher radikaler Gruppierungen im Land. In Algerien wurde angesichts des zweifelhaften Bekenntnisses des FIS zur Demokratie (nur Madanis Bekenntnis war eindeutig) der Putsch auch von liberalen und säkularistischen politischen Kräften begrüßt und von den anderen arabischen Regimen mit Erleichterung aufgenommen. Die Ereignisse in Algerien haben mehr als alles andere dazu beigetragen, die Strategie einer unkontrollierten Integration oder eines offenen politischen Wettbewerbs kaum mehr weiterzuverfolgen. Diesen regulären demokratischen Wettbewerb unterschiedlicher Parteien hatte es allerdings auch zuvor nicht gegeben. Auch die Strategien der Islamisten selbst sind durch die Ereignisse in Algerien nachhaltig geprägt worden. Sie wissen, dass sie die politische Macht kaum durch die Wahlurne gewinnen können und ein zu großer politischer Erfolg ihnen kurzfristig eher schadet. Dies veranlasste z. B. die ägyptischen Muslimbrüder oder die marokkanischen Islamisten von der PJD, bei den letzten Parlamentswahlen jeweils nur in ausgewählten Wahlkreisen anzutreten, um das mögliche Ausmaß ihres Erfolgs von vornherein in begrenztem Rahmen zu halten.

Anders verhält es sich in den Golfmonarchien Bahrain und Kuwait. Da die Herrscherfamilien auf die Unterstützung des Parlaments letztlich nicht angewiesen sind, können sie sich auch mit regierungskritischen islamistischen Mehrheiten arrangieren, zumal diese wenig homogen und schlecht organisiert sind. Die Muslimbrüder Bahrains gehören z. B. zu den regierungsloyalen Abgeordneten und stimmen (im Unterschied zur schiitischen Opposition) zumeist für Gesetzesvorlagen der Regierung. Dies bedeutet, dass die Regime selbst in der Präsenz islamistischer Parteien in ihren Parlamenten keine direkte Bedrohung ihrer Herrschaft sehen. Aus der Perspektive der sunnitischen Herrscherfamilien in den Golfstaaten stellen weniger radikalislamische Bewegungen an sich, sondern die schiitischen unter diesen eine Gefahr dar, insbesondere in Bahrain und Saudi-Arabien, wo die Schiiten einen relevanten Bevölkerungsanteil stellen. Islamistische sunnitische Abgeordnete, die z. B. im relativ machtlosen Parlament Bahrains zwischen 2002 und 2006 über eine absolute Mehrheit verfügten, sind aus Perspektive der Herrscherfamilie moderaten Schiiten vorzuziehen. Diese schiitischen Gruppierungen haben zudem durch die neue schiitische Dominanz im Irak und die offensichtliche Billigung bzw. Unterstützung dieser Dominanz durch die USA neuen Auftrieb bekommen.

Tabelle 5: Sitzanteile islamistischer Parteien in Parlamenten

Land	**Wahl**	**Sitzanteil in %**	**Zahl der islam. Parteien**
Algerien	1991	81,4*	1 (FIS)
Bahrain	2006	72,5	Unabh. (Sunniten/Schiiten)
Irak	2005/2	65,1	4 (Sunniten/Schiiten)
Bahrain	2002	60,0	Unabh. (Sunniten/Schiiten)
PA	2006	56,1	1 (Hamas)
Irak	2005/1	53,5	4 (Sunniten/Schiiten)
Jordanien	1989	42,5	1 (MB) + Unabh.
Kuwait	1996	33,8*	Unabh. (Sunniten/Schiiten)
Kuwait	2006	32,3*	Unabh. (Sunniten/Schiiten)

Kuwait	1999	29,2*	Unabh. (Sunniten/Schiiten)
Kuwait	2003	29,2*	Unabh. (Sunniten/Schiiten)
Kuwait	1992	27,7*	Unabh. (Sunniten/Schiiten
Jordanien	1993	27,5	1 (MB) + Unabh.
Algerien	1997	27,1	2
Jemen	1993	21,9	1 (Islah)
Algerien	2002	21,6	3
Jordanien	2003	20,0	1 (MB) + Unabh.
Ägypten	2005	19,4	1 (MB)
Jemen	1997	17,6	1 (Islah)
Jemen	2003	15,0	1 (Islah)
Marokko	2002	12,9	1 (PJD)
Libanon	2005	10,9	2
Libanon	2000	10,2	2
Libanon	1992	8,6	2
Ägypten	1987	8,0	1 (MB)
Libanon	1996	6,3	2
Jordanien	1997	5,0	Unabh.
Ägypten	2000	3,8	1 (MB)
Marokko	1997	2,8	1 (PJD)
Ägypten	1995	0,2	1 (MB)
Tunesien	1989	0,0	Unabh.

Eigene Zusammenstellung. Die Klassifikation von Parteien als islamistisch erfolgt hier auf Grundlage der Daten des Carnegie Endowment for International Peace.
* In Algerien 1991 bezieht sich der Prozentsatz auf die im ersten Durchgang vergebenen Mandate, in Kuwait auf die Gesamtzahl der stimmberechtigten Abgeordneten (65), zu denen auch die 15 ernannten Kabinettsmitglieder gehören; der prozentuale Anteil an den direkt gewählten Mandaten (50) liegt also noch wesentlich höher.

Der Tabelle lässt sich bereits auf den ersten Blick entnehmen, dass die Wahlerfolge islamistischer Parteien und Bewegungen sich nicht mehr auf einzelne Länder beschränken, und dass diese Erfolge auch nicht ignoriert werden können. In vielen Fällen verhindert die interne Konkurrenz unterschiedlicher Bewegungen oder die Feindschaft (Irak) bzw. Skepsis zwischen sunnitischen und schiitischen Gruppen, dass sich das gemeinsame Gewicht auch in gemeinsame Einflussnahme auf den politischen Prozess umsetzen lässt. Unter den Bedingungen eines fairen Wahlwettbewerbs, wie im Irak 2005 und in Palästina, zeigt sich, auf wieviel Zustimmung islamistische Gruppen und Parteien zählen können, auch wenn sicherlich in beiden Staaten die nicht-islamische ‚Fremdherrschaft' diesen Gruppen einen besonderen Auftrieb gegeben hat. Trotz dieser überall anzutreffenden islamistischen Parteien ist bisher kein einziges arabisches Regime gestürzt worden (obwohl der Einfluss des zahlenmäßig eher leichtgewichtigen *Hisbollah* im Libanon sicherlich verhängnisvoll ist), und auch die demokratischen Errungenschaften sind nicht mehr gefährdet worden, als sie es ohnehin schon waren.

Aus der Tabelle werden noch zwei weitere Trends deutlich: Mit Ausnahme Tunesiens sind inzwischen überall dort, wo pluralistische Wahlen stattfinden, islamistische Parteien oder Abgeordnete in den Parlamenten vertreten. Zweitens haben gerade in den Staaten, die islamistische Aktivitäten zuvor stark reguliert haben bzw. sie zu marginalisieren versuchten, diese Parteien unter den Bedingungen einer offeneren Konkurrenz bei den jüngsten Wahlen spektakuläre Stimmengewinne erzielen können (Ägypten, Marokko). Die in den 1990er Jahren verbreitete These, dass die Integrationsstrategie mittelfristig zu einer nachlassenden Unterstützung für Islamisten führen würde, da diese nur dank Repression und Marginalisierung Popularität erlangen könnten, lässt sich hingegen nur zum Teil bestätigen. Zwar sind im Jemen, in Jordanien und Algerien die Sitzanteile islamistischer Parteien im Lauf der Jahre (auf relativ hohem Niveau) leicht zurückgegangen, in den Golfstaaten oder Libanon ist dies aber eindeutig nicht der Fall.

4.2 Die Repräsentation von Minderheiten und Frauen

Dass Wahlen die Repräsentationschancen von gesellschaftlichen Minderheiten oder politisch benachteiligten Gruppen befördern können, liegt auf der Hand. Natürlich können solche Gruppen auch direkt in politische Entscheidungsgremien berufen werden, worauf viele Staatschefs durch die Ernennung weiblicher oder nicht-muslimischer Minister zurückgegriffen haben. Ihre Beteiligungsrechte könnten, falls Minderheiten in territorial abgrenzbaren Siedlungsgebieten leben, auch durch Dezentralisierung, Autonomie oder Föderalismus gestärkt werden. Diese Voraussetzung einer Minderheit, die hauptsächlich in einem bestimmten Territorium siedelt und dort die Mehrheit der Bevölkerung stellt, würde allerdings in der arabischen Welt am ehesten für die Berber (in Algerien und Marokko) und die Kurden (im Irak und in Syrien) zutreffen, ohne dass in diesen Fällen über Föderalismus und Autonomierechte tatsächlich nachgedacht wurde (mit Ausnahme der jüngsten irakischen Verfassungsdiskussion).

Finden Wahlen unter fairen Bedingungen statt, können sie, so eine populäre These, zur Eskalation ethnischer und religiöser Konflikte führen, da Politiker dazu neigen, in Wahlkämpfen ihre Wähler mit identitätsbezogenen Appellen zu mobilisieren. Wahlen zeigen auch ganz deutlich (in den Zahlen der registrierten Wähler, der Wahlbeteiligung und der Stimmen für Kandidaten und Parteien) die tatsächliche Bedeutung von Regionen, Provinzen und politischen Akteuren und können auf diese Weise Marginalisierungsängste hervorrufen. Die kontrollierte Form politischer Liberalisierung, die in der arabischen Welt stattgefunden hat, verhinderte bisher eine derartige Ethnisierung von Wahlen, zumal Wahl- und Parteiengesetze den Gebrauch entsprechender Symbole meist streng verbieten.

Wie gut spiegeln nun die Wahlen die gesellschaftliche Vielfalt der arabischen Gesellschaften wider? In der osmanischen Zeit hatten Wahlen noch eine Vielzahl von Repräsentationsgarantien für diverse ethnische und religiöse Minderheiten vorgesehen. Die einzigen Länder, die an einem solchen System festgehalten haben, sind der

Libanon und Jordanien. Libanons Konkordanzsystem beruht auf der Verteilung der Sitze im Parlament, in der Regierung und auf den wichtigsten Verwaltungsebenen nach einem konfessionellen Proporz. Wahlen führen daher zur Abbildung dieser gesellschaftlichen Vielfalt, sofern die vorher ausgehandelte Formel die demographische Verteilung korrekt wiedergibt (was für den heutigen Libanon bezweifelt werden kann). Es sind folglich weniger die Wahlen als solche, die zu einer entsprechenden ausgewogenen Repräsentation führen, sondern Regeln, die von der politischen Klasse im Vorfeld der Wahlen ausgehandelt wurden. In Jordanien gibt es einige explizit für Christen und Tscherkessen reservierte Sitze. In vergleichbarer Weise bemüht sich die syrische Staatspartei bei der Aufstellung ihrer Einheitsliste, alle Volks- und Religionsgruppen des Landes zu berücksichtigen, was umso verständlicher ist, als der Staatschef selbst zu einer Minderheit (den Alawiten) gehört. Auch hier wird in den Wahlen jedoch lediglich der vorher beschlossene Proporz bestätigt.

Die in der Forschung vieldiskutierte Frage, welches Wahlsystem eine gerechtere Repräsentation hervorbringt, scheint in der arabischen Welt weniger bedeutsam zu sein. Mit Algerien und Irak haben sich zwei Staaten mit territorial konzentrierten Minderheiten (den Berbern sowie den Kurden) für ein Verhältniswahlsystem entschieden. Es kann jedoch als sicher gelten, dass die Kurden im Irak auch unter einem Mehrheitswahlsystem alle Mandate in ihren Provinzen gewonnen hätten. Die Benachteiligung der Kopten in Ägypten, die bei den letzten Wahlen nur noch ein Mandat erringen konnten (bei einem geschätzten Bevölkerungsanteil von 5–10%), ist kein direkter Effekt des Wahlsystems. Die in Jordanien und auf der Arabischen Halbinsel offenkundige Orientierung der Wähler an ihren Stammesloyalitäten, die durch das Mehrheitswahlsystem noch verstärkt wird, hat wenig mit dem Schutz von Minderheiten zu tun, sondern beruht auf traditionellen gesellschaftlichen Strukturen. Im Übrigen hat es etwa in Jordanien, Kuwait und Marokko derart gravierende Eingriffe der Administration in die Wahlkreiseinteilung gegeben, dass man mit weitreichenden Schlussfolgerungen über die Auswirkungen bestimmter Wahlsysteme vorsichtig sein sollte.

Für die Repräsentationschancen von Frauen scheinen die Wahlsysteme jedoch von größerer Bedeutung zu sein, wie sich aus Abbildung 2 ergibt. Ein hoher Frauenanteil ist nur möglich in Wahlsystemen, in denen Parteien Listen zur Wahl stellen, über die der Wähler als ganzes abstimmt. Im Irak und in Palästina bemühten sich die internationale Verwaltung bzw. die externen Berater mit einigem Erfolg, die wichtigsten Parteien von den Vorzügen dieses Systems zu überzeugen. In Syrien kann die Einheitspartei nach Gutdünken eine beträchtliche Anzahl von weiblichen Abgeordneten auf ihrer Liste platzieren.

In einem Mehrheitswahlrecht, das, von Ausnahmen wie Tunesien abgesehen, eine Personenwahl ist, müssen Kandidaten und Kandidatinnen einen Wahlkampf führen und werden als Einzelpersonen gewählt. Marokko schneidet unter allen Staaten mit Mehrheitswahlrecht am besten ab (sogar besser als Algerien mit seinem Verhältniswahlrecht), weit vor Jordanien und ‚modernen' Staaten wie Libanon oder Ägypten. In Jordanien wurde mit den letzten Reformen des Wahlgesetzes 2003 eine Frauenquote von sechs Sitzen (von 110) eingerichtet. Nachdem keine der weiblichen Kandidatinnen sich in den Wahlkreisen durchsetzen konnte, kam diese Quote zum Tragen. Nur ihr war folglich zu verdanken, dass überhaupt Frauen im jordanischen Parlament sitzen. Quoten sind in den letzten Jahren auch in Marokko (30 Sitze) und in Palästina eingeführt worden. In der PA müssen alle Parteien auf ihren Listen mindestens eine Frau auf den ersten drei Listenplätzen, mindestens eine auf den vier weiteren, sowie eine weitere auf den nächsten fünf Listenplätzen aufstellen.

Insgesamt bleibt die Repräsentation von Frauen ein religiös und kulturell umstrittenes Thema, das von zahlreichen Widersprüchen gekennzeichnet ist: So ging die Zahl der Frauen in einigen Parlamenten, z. B. im Jemen, zurück. Andererseits scheinen bei den jüngsten Wahlen in Kuwait, an denen sie erstmals teilnehmen durften, Frauen in großer Zahl jene islamistischen Kandidaten gewählt zu haben, die sich jahrelang gegen das Frauenwahlrecht gestemmt hatten. Und obwohl die jordanischen Muslimbrüder gegen eine Frauenquote für das Parlament gestimmt hatten, wurde eine ihrer Kandidatinnen aufgrund der gesetzlichen Quote ins Parlament gewählt.

Auch liberale Parteien sind keineswegs Vorreiter in dieser Frage. So stellte die ägyptische *Wafd*-Partei bei den letzten Parlamentswahlen 2005 keine einzige weibliche Kandidatin auf. In Ägypten hat sich zwar die Zahl der Kandidatinnen in den letzten zehn Jahren von 42 auf 114 knapp verdreifacht; ihnen standen aber knapp 5.000 männliche Kandidaten gegenüber. Bei den Wahlen 2005 wurden trotz öffentlicher Kampagnen, u. a. der Präsidentengattin Suzanne Mubarak, nur sechs weibliche Abgeordnete gewählt (bisher sieben).

Abbildung 2: Anteile von Frauen in den arabischen Parlamenten

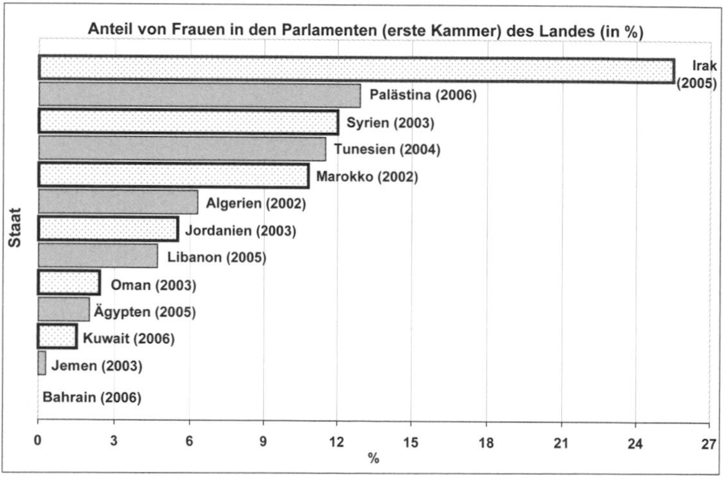

Anteil von Frauen in den Parlamenten (erste Kammer) des Landes (in %)
Irak (2005)
Palästina (2006)
Syrien (2003)
Tunesien (2004)
Marokko (2002)
Algerien (2002)
Jordanien (2003)
Libanon (2005)
Oman (2003)
Ägypten (2005)
Kuwait (2006)
Jemen (2003)
Bahrain (2006)
Staat
0 3 6 9 12 15 18 21 24 27
%

Eigene Zusammenstellung. Die Jahreszahlen beziehen sich auf die jeweils letzte Wahl.

4.3 Die Bedeutung politischer Parteien

Generell bleibt die Bedeutung politischer Parteien für die Repräsentation gesellschaftlicher Interessen schwach. Durch die jahrelange Zermürbung seitens der autoritären Systeme geschwächt, fehlen ihnen zumeist die organisatorischen und finanziellen Voraussetzungen, um ein eigenes Programm zu entwickeln und zu kommunizieren oder eine dauerhafte Verbindung zu Wählern und Wählerinnen aufzubauen, d. h. sie im eigentlichen Sinne zu repräsentieren. Islamistische Parteien schaffen dies kaum besser als ihre säkularistischen Konkurrenten, sie können jedoch oft auf gut organisierte und finanzstarke islamische karitative Organisationen und Netzwerke zurückgreifen. Die Einführung pluralistischer Wahlen ging oft einher mit restriktiven Parteiengesetzen oder es wurden überhaupt nur ausgewählte Parteien registriert. Mit Ausnahme von Algerien und Libanon fehlt in den meisten arabischen Staaten auch eine wirtschaftlich unabhängige Mittelschicht, aus der nicht-islamistische politische Parteien entstehen und getragen werden könnten.

Die Bedeutung der Parteien variiert stark zwischen den Präsidialrepubliken und Monarchien. In den ersteren beruhte und beruht die Herrschaft zumeist auf einer etablierten (früheren) Einheitspartei mit Vorfeldorganisationen in allen gesellschaftlichen Bereichen (Frauen, Jugend, Gewerkschaft usw.). In solchen Systemen können im Prozess der Liberalisierung Parteien nicht generell verboten werden, da dies die bisher herrschende Einheitspartei ebenfalls betreffen würde. Es besteht aus mehreren Gründen eine gewisse Tendenz zu Listensystemen. Diese geben der Parteizentrale einen großen Einfluss auf die Platzierung der einzelnen Kandidaten und Kandidatinnen. Zugleich fühlt man sich konkurrierenden Listen von Oppositionsparteien aufgrund der alleinigen Kontrolle der Wahlorganisation überlegen, während man in einem stärker personenorientierten Mehrheitswahlsystem damit rechnen muss, dass das Wahlvolk unpopuläre Kaziken der Einheitspartei abwählt oder unabhängige Kandidaten den offiziellen den Rang ablaufen. Mubarak war ein hellsichtiger Politiker, als er aus diesen Gründen zum

Verhältniswahlsystem wechselte; ein Plan, den dann allerdings die Gerichte zunichte machten. Aus ähnlichen Gründen bleiben die früheren Einheitsparteien Algeriens und Tunesiens, aber auch die PLO in Palästina bei ihrer Präferenz für Listensysteme, die unabhängige Kandidaturen praktisch unmöglich machen. In diesen Ländern haben die Regierungen folglich durchaus ein eigenes Interesse an einem parteipolitischen Wettbewerb, bei dem die Parteien allerdings eine Vielzahl von Bedingungen erfüllen müssen, bevor sie zugelassen werden. Dies schließt nicht aus, dass Unabhängige trotzdem antreten; sie haben unter den gegebenen institutionellen Bedingungen aber wenig Chancen Mandate zu erhalten, obwohl sie in Algerien 2002 immerhin 7,5% der Sitze gewannen.

In den Monarchien sind hingegen Parteien von geringerer oder gar keiner Bedeutung für den Wahlwettbewerb. Die Ausnahme ist hier Marokko, wo unabhängige Kandidaturen sogar gesetzlich verboten sind. In Jordanien und den Golfmonarchien waren oder sind Parteien verboten, obwohl in Kuwait z. B. seit 40 Jahren Wahlen stattfinden. Wie im zweiten Kapitel erläutert wurde, ist eine solche Konstellation durchaus im Interesse der Herrscher, die mit den Abgeordneten individuell über deren Interessen verhandeln können und selten mit stabilen parteiähnlichen Strukturen zu tun haben. In der kuwaitischen Politik gibt es z. B. etablierte Fraktionen, die sich jedoch je nach Politikbereich unterschiedlich entscheiden.

Während in den Präsidialrepubliken die Mitgliedschaft in der Regierungspartei oder eine Wahlstimme für sie Zugang zu staatlichen Ressourcen verspricht, würde in den von Stammesloyalitäten geprägten Gesellschaften der Arabischen Halbinsel niemand diese Aufgabe einer Partei überlassen. Hier stimmen ethnische Gruppen für eine Person, die nicht als Repräsentant eines Parteiprogramms handelt, sondern als Mittelsmann zwischen Regierung und Bevölkerung, wobei sie letzterer einen gerechten Anteil an staatlichen Leistungen und materiellen Vergünstigungen garantieren soll. Versagt der Abgeordnete in dieser Funktion, wird er abgewählt. Die Könige und Emire der Region haben gut verstanden, dass von einer solchen Form der Repräsentation gesellschaftlicher Interessengruppen keine Gefahr für ihre Regime droht, da die Bevölkerung in übermäßiger Kritik an der Regierung eher eine Gefährdung der Gewährung von Arbeitsplätzen, Stipendien und öffentlichen Investitionen für ihren Wahlkreis sehen würde. Folglich wurden etwa in Kuwait oder Jordanien die Grenzen der Wahlkreise systematisch zu Lasten der Reformer (worunter dann Liberale *und* Islamisten verstanden werden) und zugunsten der Stammesvertreter gezogen. Die tribale Gesellschaftsstruktur verkörpert daher einerseits einen authentischen Repräsentationsmechanismus, in dem Rechenschaft verlangt wird; andererseits wird diese Form von Repräsentation kaum zu einer weiteren Demokratisierung des politischen Systems oder gesellschaftlichen Reformen führen.

4.4 Das Boykottdilemma der Opposition

Vor dem Hintergrund der gerade skizzierten Mechanismen der Repräsentation stellt sich die Frage nach möglichen Reaktionen von ausgegrenzten Akteuren eigentlich nur dort, wo es einigermaßen organisierte Parteien oder parteienähnliche Bewegungen gibt, nämlich in den Republiken (sowie in Marokko und mit Abstrichen in Jordanien): Das prinzipielle Dilemma, vor dem alle legalisierten oppositionellen Bewegungen in autoritären Systemen (nicht nur in der arabischen Welt) stehen, besteht darin, dass sie durch eine Beteiligung an Wahlen dem Regime in einem gewissen Maße Legitimität verleihen, durch einen Boykott sich aber der Möglichkeit berauben, die wenigen legalen Möglichkeiten zur öffentlichen Artikulation von Dissens auszunutzen.

Andererseits bietet die Entscheidung von autoritären Regimen, Wahlen überhaupt durchzuführen, der Opposition auch eine offene Flanke. Denn obwohl sich autoritäre Regime außerordentliche Kompetenzen vorbehalten, um den Wahlprozess nach ihren Vorstellungen zu steuern, binden sie dennoch die Legitimität ihrer Regierung öffentlich an die Zustimmung der Wähler. Dies erlaubt der Opposition, sich verschiedener Strategien zu bedienen: Sie kann (1) durch

Boykott die in den Wahlen potentiell vom Regime gesuchte Legitimität verhindern; sie kann (2) durch Koalitionsbildung ihren Anteil an Sitzen und Macht vergrößern und sie kann (3) mit dem Regime in direkte Verhandlungen über eine Änderung der Regeln treten.

Boykott ist die naheliegendste Strategie, falls die Möglichkeit einer Teilnahme besteht. Dennoch können Parteien ihre Glaubwürdigkeit bei den Wählern gefährden, wenn sie sich trotz starker Kritik am System letztlich doch einbinden lassen. Boykottdrohungen sind nur dann glaubwürdig, wenn sie geschlossen vorgetragen und auch durchgesetzt werden und wenn sie mit konkreten Forderungen hinsichtlich der Verbesserung des organisatorischen Rahmens oder der institutionellen Bestimmungen der Wahlen verbunden werden.

Ein wesentlicher Grund, warum selten Einigkeit über eine Boykottstrategie zu erzielen ist, besteht in den ideologischen Unterschieden zwischen den verschiedenen Parteien der Opposition, die außer ihrer Ablehnung des Regimes wenig verbindet, sowie der Unsicherheit über die wahren Präferenzen der anderen Opponenten (z. B. ob diese es sich nicht doch in letzter Minute anders überlegen). Ein zweites Problem sind die unterschiedlichen Erfolgschancen von Parteien. Größere Parteien haben bei einem Boykott mehr zu verlieren als kleinere, die auch bei einer Teilnahme keinen großen Machtgewinn erwarten können (*Wafd* in Ägypten 1984). Schließlich sind viele Parteien gar nicht gut genug organisiert, um Boykottentscheidungen auch gegenüber allen Parteimitgliedern durchsetzen zu können. So widersetzten sich *Wafd*-Mitglieder dem Wahlboykott 1990 in Ägypten, genau wie *Hamas*-Mitglieder 1996 in Palästina und Muslimbrüder 1997 in Jordanien, und traten als unabhängige Kandidaten an. In den letzten Jahren ist die Zahl der Boykotte stark zurückgegangen, ein Indiz dafür, dass die meisten Parteien, die Islamisten eingeschlossen, durch die Teilnahme an Wahlen mehr zu gewinnen als zu verlieren haben. Zahlreiche Parteien und politische Gruppen bleiben jedoch verboten, vor allem in Tunesien; die Frage eines Boykotts stellt sich dort insofern nicht.

Koalitionsbildung wäre ebenfalls eine Möglichkeit, die aber zumeist aus den gleichen Gründen scheitert wie die Boykottstrategie. Ein erfolgreiches Beispiel sind die Wahlabsprachen des demokratischen Blocks in Marokko seit 1993, die es den beiden wichtigsten Parteien der Allianz erlaubten, ihren Sitzanteil beträchtlich zu steigern. Koalitionsbildung setzt voraus, dass sich die Partner über die Teilnahme an Wahlen einig sind.

Schließlich können Oppositionsparteien versuchen, jene Regeln zu ändern, die ihre bisherigen Chancen reduziert haben. Dies sind letztlich Machtfragen, und die Opposition kann nur auf der Grundlage glaubwürdiger Boykottstrategien, oder der glaubwürdigen Androhung von Gewalt oder Instabilität operieren bzw. von der Unterstützung anderer Akteure profitieren. Dies war etwa in Ägypten der Fall, wo die Gerichte mehrmals das Wahlsystem und die Regeln der Wahlüberwachung zugunsten der Opposition geändert haben. Pakte in Marokko haben zahlreiche Einzelbestimmungen, etwa bei der Wahlkampfführung, verbessern können.

Die Opposition war bisher jedoch machtlos bei allen Versuchen, die Grundregeln der Wahlsysteme wesentlich zu modifizieren. Dies gilt für die Versuche der marokkanischen Opposition, auf die Wahlkreiseinteilung Einfluss zu nehmen genauso wie für die Islamisten in Jordanien, die eine Rückkehr zur ursprünglichen Mehrheitswahl durchsetzen wollten oder dem Versuch der maronitischen Parteien im Libanon, die aus ihrer Perspektive die pro-syrischen Parteien begünstigende Wahlkreiseinteilung rückgängig zu machen.

5. Worüber entscheiden Wahlen überhaupt?

In einer immer größer werdenden Zahl arabischer Staaten haben seit den 1980er Jahren Wahlen stattgefunden, bei denen die Bevölkerung sich zwischen mehreren Kandidaten bzw. Parteien entscheiden konnte. Die Forschung sieht dennoch in dieser offensichtlichen Ausweitung des politischen Wettbewerbs kein Zeichen einer Demokratisierung, müssten dabei doch die eigentlichen Herrschaftspositionen im Staat bei Wahlen tatsächlich zur Disposition gestellt werden. Tatsächlich werden die Staats- und Regierungschefs jedoch gar nicht gewählt (in den Monarchien) oder die Wahlen so stark manipuliert, dass kein anderes Ergebnis als die Bestätigung der Herrschenden möglich ist. Wir haben bereits im zweiten Kapitel gesehen, dass diese generelle Einschätzung für einige arabische Staaten wie Libanon, Irak oder die PA nicht oder nur bedingt zutrifft. Zugleich kam es auch in anderen Ländern der Region zu Wechseln in Staats- und Regierungsführung oder zu Kursänderungen in wesentlichen Politikbereichen. Es drängt sich daher die Frage auf, welche Rolle Wahlen für diese Veränderungen spielten und spielen.

5.1 Die Illusion des Machtwechsels

Vielen Beobachtern der arabischen Welt erscheint ein Machtwechsel durch Wahlen als Illusion. Traditionen eines friedlichen Machtwechsels gibt es nicht. Bereits vor der Kolonialzeit mussten etwa die Machthaber in Nordafrika ständig mit bewaffneten Revolten und die Herrscher mit ihrer Ermordung im Amt rechnen. Nach der Unabhängigkeit gab es in vielen Staaten Umsturzversuche, selbst in den Monarchien waren Attentate innerhalb der Herrscherfamilie keine Seltenheit. In Ländern wie Irak, Syrien oder Jemen löste in den 1950er und 60er Jahren eine Militärjunta die andere ab.

Auf diese Ära der häufigen und zumeist gewaltsamen Machtwechsel folgte eine zweite Phase der Regimekonsolidierung, in der gar keine Machtwechsel mehr erfolgten. In den Republiken vermochten die Staatschefs die Armee unter ihre Kontrolle zu bringen und potentielle Konkurrenten in der Herrschaftselite auszuschalten. Ob Mu'ammar al-Qaddafi in Libyen (seit 1969), Hafiz al-Asad in Syrien (1971–2000), Saddam Hussein im Irak (1979–2003) oder Habib Bourgiba in Tunesien (1957–1987), allen gelang es, eine auch im interregionalen Vergleich ungewöhnliche Fülle von Kompetenzen in der Person des Staatschefs zu vereinen. Unter ihrer Herrschaft erschien sowohl die Möglichkeit eines Militärputsches wie die eines freiwilligen Rückzugs von der Macht illusorisch. Nach der Instabilität der ersten Nachkriegsjahrzehnte wurde die arabische Welt zu einer Region, die im internationalen Vergleich die durchschnittlich längste Amtszeit der Staatschefs aufweist. Während es z. B. im Iran noch 1979 zu einem Regimewechsel kam, konnten die immer besser etablierten Sicherheitsapparate der arabischen Staaten entsprechende systemgefährdende Bestrebungen oder sezessionistische Absichten (der Kurden oder Berber), teils mittels Repression, im Keim ersticken.

Trotz dieser vordergründigen Kontinuität an der Spitze der Staaten haben sich die Modalitäten der Machtübergabe in der arabischen Welt im Verlauf der letzten 25 Jahre stark verändert. Sowohl in den Republiken als auch in den Monarchien ist es zu einer offensichtlichen Konstitutionalisierung des Herrschaftszugangs gekommen. Diese dient primär dazu, die schwierige Frage der politischen Nachfolge zu klären, also, welche Familienmitglieder (in Monarchien) oder Amtsinhaber (in Republiken) beim Tod des Staatschefs an dessen Stelle rücken. Konstitutionalisierung bedeutet in diesem Zusammenhang keineswegs, dass die Zuweisung dieser Herrschaftspositionen durch Wahlwettbewerb erfolgt. Sie erfolgt lediglich nicht mehr durch gewaltsamen Umsturz oder außerhalb der Verfassungsordnung. Tabelle 6 zeigt, dass von den derzeit noch regierenden und in den letzten 30 Jahren an die Macht gekommenen Staatschefs lediglich der Emir von Katar durch einen – wenn auch friedlichen – Putsch gegen seinen Vater an die Macht gekommen ist (dieser hatte sich bereits selbst in den 1970er Jahren an die Macht geputscht).

Tabelle 6: Staatschefs der arabischen Welt

Land	Staatschef	Amtsübernahme	Modus
Libyen	Mu'ammar al-Qaddafi	01.09.1969	Militärputsch
Oman	Sultan Qabus	23.07.1970	Palastrevolte
Jemen	Ali Abdallah Salih	17.07.1978	Wahl durch von Militärregierung eingesetzten Rat
Ägypten	Husni Mubarak	14.10.1981	Vizepräsident zum Zeitpunkt der Ermordung Sadats; Volkswahl
Tunesien	Zine Abidine Ben Ali	07.11.1987	Verfassungsmäßiger Nachfolger des abgesetzten Präsidenten Bourguiba
Katar	Emir Hamad bin Khalifa al-Thani	27.06.1995	Palastrevolte
Libanon	Emile Lahud	24.11.1998	Wahl durch Nationalversammlung
Jordanien	König Abdallah II.	06.02.1999	Reguläre Thronfolge
Bahrain	Scheich Hamad bin Isa al-Khalifa	06.03.1999	Reguläre Thronfolge
Algerien	Abdelaziz Bouteflika	15.04.1999	Volkswahl
Marokko	König Mohammed VI.	24.07.1999	Reguläre Thronfolge

Syrien	Bashar al-Asad	17.07.2000	Volkswahl
VAE	Scheich Khalifa bin Zayed al-Nahayan	03.11.2004	Reguläre Thronfolge (Wahl durch Federal Supreme Council)
Palästina	Mahmud Abbas	15.01.2005	Volkswahl
Irak	Dschalal Talabani	06.04.2005	Wahl durch Nationalversammlung
Saudi-Arabien	König Abdallah bin Abd al-Aziz al-Saud	01.08.2005	Reguläre Thronfolge
Kuwait	Emir Sabah al-Ahmad al-Jabir al-Sabah	29.01.2006	Reguläre Thronfolge

Stand: 31.12.2006; Eigene Zusammenstellung

In den Monarchien besteht der verfassungsmäßige Weg in einer klaren Regelung der Thronfolge. Die Herrschaft bleibt damit in der Familie. Konstitutionalisierung bedeutet in diesem Zusammenhang nicht die Einführung einer parlamentarischen Monarchie, sondern die verfassungsrechtliche Regelung der Frage, welcher Familienzweig oder männliche Verwandte Thronfolger wird. Hierdurch sollen die Regimestabilität gefährdende Diadochenkämpfe von vornherein verhindert werden. Folglich ging nicht nur die jordanische und marokkanische Thronfolge 1999, sondern auch die Übergabe der Herrschaft in den Golfmonarchien Bahrain (1999), VAE (2004), und selbst jüngst in Saudi-Arabien (2005) und Kuwait (2006) relativ geräuschlos über die Bühne. Bei den Wechseln in der Staatsführung handelt es sich folglich um einen personellen Wechsel im Amt, nicht aber um einen Machtwechsel.

Die Republiken stehen vor einem ungleich größeren Problem. Um sich der Nachfolgefrage nicht stellen, oder die Entscheidung tatsächlich der Bevölkerung überlassen zu müssen, ist es in einer ganzen Reihe dieser Staaten zu einem Prozess der ‚Dynastisierung' gekommen: Trotz der verfassungsrechtlichen Einschränkung einer begrenzten Amtszeit, die durch Volkswahl oder Plebiszit erneuert werden muss, versuchen auch die republikanischen Staatschefs unbegrenzt, d. h. bis zu ihrem Tod, zu regieren. Wenn dieser eintritt, kann das Problem des möglichen Machtwechsels durch die Amtsübernahme des Vizepräsidenten bzw. Ministerpräsidenten umgangen werden, wie in Ägypten Anfang der 1980er Jahre bzw. in Tunesien geschehen (Bourgiba war allerdings nicht verstorben, sondern vergreist und amtsunfähig).

Dort, wo die Staatschefs keine regulären Vizepräsidenten und potentiellen Nachfolger aufbauen wollen, werden ihre Söhne, wie in einer Monarchie, im Staats- bzw. Armeedienst gezielt auf die Nachfolge im Amt vorbereitet. Dieses Modell wurde ausgerechnet in der *Volks*republik Syrien erstmals durchexerziert, als der 34-jährige Bashar al-Asad im Juni 2000 nach dem Tode seines Vaters zu dessen Nachfolger bestimmt wurde und diese Entscheidung dann nach einer Verfassungsänderung (bis dahin mussten Präsidentschaftskandidaten ein Mindestalter von 40 Jahren aufweisen) von der Bevölkerung in einem präsidentiellen Referendum bestätigt wurde. Im Irak hatte Saddam Hussein seinen Sohn Qusay in ähnlicher Weise zum Nachfolger auserkoren. Auch in Libyen, Ägypten und Jemen ist der schleichende Aufstieg und die mögliche Übernahme der Amtsgeschäfte durch die Präsidentensöhne ein beliebtes Thema politischer Kommentatoren. Im Wortspiel der ‚republikanischen Monarchie' (*jumlukiyya*) kommt das weit verbreitete Gefühl zum Ausdruck, dass eine Republik (*jumhuriyya*) und eine Monarchie (*mamlaka*) außer der Bezeichnung nichts mehr unterscheidet.

Es gibt unterschiedliche Gründe für diese Konstitutionalisierung und ‚Monarchisierung' der Republiken. Die ursprüngliche soziale und ideologische Legitimitätsbasis der arabischen Republiken ist aufgebraucht. Diese gründete nie auf demokratischen Wahlen, sondern dem Versprechen der steten sozialen und wirtschaftlichen Modernisierung durch (Um-)Verteilung materieller Ressourcen mit oder ohne sozialistische Entwicklungskonzepte. Die historischen Leistungen der republikanischen Regime, wie die Befreiung von Kolonialherrschaft und die damit verbundenen sozialen Reformen liegen lange zurück und können die jüngeren Generationen nicht mehr mobilisieren. Das außenpolitische Unvermögen, die Rechte der Palästinenser gegenüber Israel durchzusetzen oder konkrete Schritte zu einer panarabischen politischen Identität zu verwirklichen, schwächt deren Legitimität ebenfalls. Staaten wie Syrien oder Jemen, in gewissem Maße auch Ägypten, konnten das soziale Versprechen der Modernisierung nicht erfüllen und sind zur Aufrechterhaltung der Regimestabilität auf massive finanzielle Zuwendungen der erdölexportierenden Golfstaaten, bzw. auf finanzielle und militärische Unterstützung durch den Westen angewiesen.

Die finanzielle Abhängigkeit von den konservativen Regimen der Arabischen Halbinsel und das Aufkommen radikalislamischer Bewegungen in den eigenen Ländern stärken andererseits die konservativen Elemente in der Staatsbürokratie und den Eliten. Dies begünstigt nicht nur substantielle politische Zugeständnisse gegenüber religiösen Interessengruppen; vor diesem Hintergrund bemühen sich auch ursprünglich säkularistische Regime um eine Stärkung ihrer Legitimität durch religiöse Elemente. So erlaubt z. B. das unverbindliche Bekenntnis zum islamischen Prinzip der *Shura* (‚Beratung') eine Umdeutung von Wahlfunktionen. Wahlen stellen danach letztlich eine Form der Beratung des Herrschers mit seinem Volk dar. Der Herrscher nimmt die Anliegen seiner Untertanen (die sich in Wahlbeteiligung und –entscheidung manifestieren) ernst, er entscheidet aber letztlich selbst. Einige Staatschefs übernehmen selbst religiöse Repräsentationsaufgaben an wichtigen Festtagen und geben Stellungnahmen zu religiösen Fragen ab. Sie bieten damit zwar radikalislamischen Gruppierungen eine offene Flanke, obwohl diese stärkere Betonung der Religion die aktive

Bekämpfung radikalislamischer Gruppierungen jedoch überhaupt nicht ausschließt. In den meisten Fällen handelt es sich eher um eine Retraditionalisierung der säkular-modernen Regime, die die Interessen der konservativen und am Status quo interessierten Gesellschaftsschichten bedient. Für Stammesführer, die in einer moderat islamischen Ausrichtung der Regime den besten Schutz gegen eine zu weitgehende Reform der bestehenden gesellschaftlichen Verhältnisse sehen, ist dann auch eine dynastische Erbfolge der republikanischen Regime kein Problem.

Diese ‚Dynastiebildung' muss schließlich auch vor dem Hintergrund des ausgeprägten Personenkults gesehen werden, den arabische Staatschefs über Jahre gepflegt haben. Die Mehrheit der Bevölkerung Ägyptens, Libyens, des Jemens, Syriens (bis 2000), oder des Iraks (bis 2003) hat in ihrem Leben nie etwas anderes als die Herrschaft des einen Führers (der Revolution) und ‚Vaters der Nation' kennen gelernt. Die Möglichkeit, dass sich daran etwas ändern könnte, gehörte in das Reich des politisch Undenkbaren. Die Debatte um einen möglichen Verzicht des jemenitischen Präsidenten Salih auf eine erneute Kandidatur bei den Präsidentschaftswahlen 2006 ist in diesem Zusammenhang erhellend: Am 17. Juli 2005 erklärte Salih anlässlich eines Empfangs zum 27. Jahrestag seiner Machtergreifung vor 1.200 geladenen Gästen aus dem In- und Ausland, er werde bei den im September 2006 anstehenden Präsidentschaftswahlen nicht mehr antreten und auf diese Weise einen friedlichen Wechsel an der Staatsspitze ermöglichen. Diese Ankündigung sandte Schockwellen durch das Land und die ganze arabische Welt. In einem Staat, in dem die Präsidentennachfolge ein Tabu gewesen war, sorgte die Aufforderung des Präsidenten an alle politischen Kräfte des Landes, jüngere gebildete Kandidaten zu benennen, in der Tat dafür, dass erste Namen in der Öffentlichkeit kursierten. Bis zum Jahresende hatten sieben andere Kandidaten und eine Kandidatin öffentlich ihren Willen erklärt, bei den Wahlen anzutreten. Um zur Wahl zugelassen zu werden, braucht man im Jemen jedoch die Unterstützung von 10% der Parlamentsabgeordneten. Keiner der drei Parteien, die diese Bedingung erfüllen (also weder Salihs GPC, noch die *Islah* oder die YSP), wagten sich zunächst aus der Deckung. Nach Monaten der Spekulationen und Gerüchte akzeptierte Salih am 17. Dezember 2005 schließlich doch die Aufforderung seiner Partei, noch einmal für das Amt des Präsidenten zu kandidieren. Offensichtlich war Salih in den Parteigremien der GPC damit gescheitert, seinen Sohn zum Kandidaten küren zu lassen, denn mit „jüngeren gebildeten Kandidaten“ war eigentlich nur der Präsidentensohn gemeint gewesen. Andere sahen in der Ankündigung lediglich ein geschicktes Manöver, um politische Unterstützung zu mobilisieren, und mögliche Kontrahenten um die Macht zu identifizieren. Letztlich gewann der Amtsinhaber die Wahl mit 76% der Stimmen gegen einen gemeinsamen Kandidaten von *Islah* und YPC.

Tendenzen zur ‚Monarchisierung' der Republiken sind also offensichtlich und legen nahe, dass Wahlen nach dem Willen der Amtsinhaber *auf Dauer* nicht über wesentliche Herrschaftspositionen entscheiden sollen. Interessant ist jedoch, dass in einigen arabischen Ländern entsprechende Tendenzen zur Monarchisierung weder stattgefunden haben, noch abzusehen sind. Unabhängig davon, wie groß die Mehrheit für algerische, libanesische oder palästinensische Präsidenten im Einzelfall ausfiel, wird das Wettbewerbsprinzip in diesen Staaten nicht mehr in Frage gestellt, wenn es um die Besetzung der exekutiven Führungspositionen geht. In allen drei Fällen haben offensichtlich besondere gesellschaftliche Rahmenbedingungen die Formierung einer kompakten Elite um eine starke Führerfigur herum verhindern können. Wenn die völlig unbekannte Kandidatin Samiha Khalil bei den palästinensischen Präsidentschaftswahlen 1996 aus dem Stand elf Prozent der Stimmen gegen Arafat erzielen konnte, bedeutete dies ein starkes Zeichen der Ablehnung unabhängig von den genauen Prozentzahlen.

Dass Wahlen in diesen drei Staaten mit einem stärkeren Wettbewerb einhergehen, heißt freilich noch nicht, dass sie tatsächlich über die wesentlichen Herrschaftspositionen entscheiden. So wurde zu Recht gefragt, ob der libanesische Präsident nicht ein Herrscher von Syriens Gnaden sei, und ob Israel faktisch nicht alle für das Alltagsleben der palästinensischen Bevölkerung wesentlichen politischen Entscheidungen treffe. In Algerien schließlich gebe es zwar weniger ausländische Diktate, aber einen ‚inneren Zirkel' von 15 Generälen, der im Hintergrund alle Fäden in der Hand halte. Nicht nur in Algerien herrsche der Sicherheitsapparat und fast alle arabischen Präsidenten hätten eine Karriere im Militär hinter sich oder seien mit diesem eng verbunden. Sollten die gewählten Präsidenten gegen die Interessen der Militärs verstoßen, würden sie kurzerhand abgesetzt.

Diese Einwände sind im Prinzip nicht falsch, doch verkennen sie, dass die faktische Herrschaft nicht gewählter Akteure in keinem Fall umfassend und außerdem im Zeitverlauf starken Veränderungen unterworfen ist. Sie ist nicht umfassend, weil sich Israels Einfluss oder derjenige der algerischen Armee nur auf bestimmte Herrschaftsbereiche erstreckt, die für diese Akteure von besonderem Interesse sind, also etwa der Kampf gegen den bewaffneten Widerstand in Algerien und die Politik der nationalen Versöhnung. Der Einfluss nicht gewählter Akteure kann sich zudem, wie wir nicht nur im libanesischen Fall sehen, sondern auch aus vielen Beispielen in Lateinamerika, Mittel- und Osteuropa und Afrika wissen, im Lauf der Zeit ändern. Das Versprechen eines vom Volk gewählten Präsidenten setzt dann eine Dynamik in Gang, die schnell außer Kontrolle geraten kann und die Steuerungsmöglichkeiten der starken Männer im Hintergrund oder im Ausland übersteigt.

Ein kleiner Seitenblick auf den Iran sei hier erlaubt. Obwohl die Wahl des Staatschefs dort von einem stärkeren Wettbewerb zwischen Kandidaten gekennzeichnet ist als in irgendeinem arabischen Staat, bleibt die Macht des iranischen Präsidenten ebenfalls eingeschränkt durch den geistlichen Führer des Landes. Dies musste auch der reformistische Präsident Khatami während seiner zwei Amtsperioden (1997-2005) schmerzlich erfahren. Letztlich nimmt der durch Anhänger des geistlichen Führers dominierte Wächterrat im Iran auch maßgeblichen Einfluss auf den Prozess der Kandidatenselektion im Vorfeld der Wahlen. Die Funktion der Zuweisung von Herrschaftsfunktionen erfüllen Wahlen folglich auch im Iran nur bedingt.

Betrachten wir abschließend die Rolle der Regierungen in den Monarchien Marokko, Jordanien und Kuwait. Dort entscheiden Parlamentswahlen indirekt über die Regierungsbildung, denn die Regierungen benötigen das Vertrauen der Parlamentsmehrheit. In allen Ländern wird jedoch der Premierminister immer noch vom König ernannt und entlassen. Wahlen entscheiden letztlich nicht, wer im Land regiert. Sie tun dies auch deswegen nicht, weil z. B. in Marokko der König weiterhin die politische Kontrolle über einige zentrale Ministerien behält (und auch diesbezügliche Personalentscheidungen trifft). Außerdem ernennt er (und nicht der Regierungschef) alle Gouverneure und Direktoren von Staatsunternehmen und Behörden. In Jordanien kam es während der Legislaturperiode 1989–1993 im Parlament sogar zu einem Misstrauensvotum gegen die Regierung. Die geringe Bedeutung politischer Parteien in Jordanien hat andererseits die Möglichkeit stabiler Regierungsmehrheiten reduziert, und die Opposition hat am Recht des Königs zur Auflösung des Parlaments (zuletzt im Juni 2001) und anderen praktisch absoluten Vollmachten nichts ändern können. Große Beachtung fand schließlich das kuwaitische Parlament, als es im Januar 2006 nach dem Tod des alten Herrschers den ebenfalls schwer kranken und fast genauso alten Kronprinzen als neuen Emir ablehnte, der verfassungsgemäß auf dem Thron hätte nachfolgen sollen. Dass die Entscheidung der Herrscherfamilie, anstelle des vorgesehenen Kronprinzen den bisherigen Premierminister zum Emir zu bestellen, direkt mit dem einstimmigen Votum des Parlaments zusammenhängt, ist jedoch nicht mit Sicherheit zu belegen. Immerhin versuchte das Parlament ein Mitspracherecht in der Regelung des Herrschaftszugangs zu erwirken, das ihm verfassungsmäßig kaum zusteht.

Aus der Perspektive der Opposition bleiben daher Wahlen in der arabischen Welt nur in raren Ausnahmefällen eine Möglichkeit, an die Macht zu gelangen. Der Kampf um Wahlreformen und eine Veränderung der Wahlsysteme hat trotzdem in vielen Staaten eine große Bedeutung gewonnen: Aus der Perspektive der herrschenden Eliten geht es um eine prozedural ‚saubere' und verfassungsmäßige Form der Herrschaftssicherung. Die Opposition weiß zwar, dass der Wahlprozess nicht fair ist und sie nicht gewinnen kann, aber sie verspricht sich von faireren Regeln eine bessere Repräsentation und einen gewissen Einfluss auf die Politikgestaltung und Zugriffsmöglichkeiten auf staatliche Finanzmittel und Ressourcen. Es scheint derzeit in vielen Ländern eher darum zu gehen, Einfluss auf die Herrschenden zu gewinnen, dabei sind und bleiben Wahlen ein unverzichtbares Instrument neben anderen, etwa dem Drängen auf ökonomische Reformen oder auf uneingeschränkte Medienfreiheit.

5.2 Die Rolle der gewählten Parlamente

Neben der direkten Zuweisung exekutiver Positionen könnte die Bedeutung von Wahlen auch darin liegen, dass sie über die Besetzung von Parlamenten und anderen Repräsentativorganen entscheiden, denen eine wichtige Rolle im politischen Prozess zukommt. Welche Funktionen füllen die gewählten Parlamente in der arabischen Welt also aus?

Sie können die Fähigkeit gesellschaftlicher Gruppen zur *Bündelung und Artikulierung der politischen Präferenzen* fördern, entweder indem sie politische Parteien stärken oder indem sie zusätzliches Interesse und Verständnis für politische Prozesse bewirken. Haben politische Parteien es einmal geschafft, im Parlament vertreten zu sein, profitieren sie von den Ressourcen, die das Parlament als Institution kontrolliert. Hierzu gehören der parlamentseigene Verwaltungsapparat, der Zugang zu Informationen und der Aufbau von persönlichen Netzwerken mit Vertretern von Regierung, Presse und Wissenschaft. Arabische Parlamente verfügen hierbei über recht unterschiedlich gut ausgebildete und ausgerüstete Parlamentsverwaltungen. Dass gewählte Parlamente eine Aufklärungsfunktion einnehmen können, zeigt sich z. B. in der Fernsehübertragung von Parlamentsdebatten (in Marokko oder Oman sogar als Live-Übertragung, in vielen anderen Ländern immerhin in Zusammenfassungen). Parlamentswahlen haben schließlich auch in vielen arabischen Ländern zur Mobilisierung zivilgesellschaftlicher Gruppen beigetragen.

Parlamentswahlen mögen zwar nicht unbedingt entscheiden, ‚wer das Land regiert', aber doch, ‚wie es regiert wird'. Parlamente sind durchaus in der Lage, *Einfluss auf die Politikgestaltung* zu nehmen. So ermächtigen die Verfassungen der meisten Staaten die Abgeordneten zur Einbringung von Gesetzesvorlagen, inzwischen schließt dies auch die Mitglieder der Beratenden Versammlungen in Saudi-Arabien und den Emiraten am Golf mit ein, obwohl z. B. die Beratende Versammlung Omans ausdrücklich nicht über Fragen der Verteidigung, der inneren Sicherheit und der Erdölpolitik beraten darf. In der Praxis werden Gesetze dennoch von der Regierung vorgelegt und dann zur Beratung an das Parlament überwiesen. Den Parlamentariern fehlen oft sowohl die Expertise als auch die Ressourcen, um eigene Vorlagen zu erarbeiten oder die Regierungsentwürfe kritisch zu prüfen bzw. ihre Vorlagen werden ohne weitere Beratung verworfen. Die Gesetzesvorlagen der Regierung beschränken sich zumeist auf Rahmenbestimmungen, so dass den Ministerien und der Verwaltung erheblicher Spielraum zur Formulierung spezifischer Maßnahmen verbleibt.

Die Fähigkeit gewählter Parlamente zur Einflussnahme variiert deutlich von Land zu Land wie auch zwischen den verschiedenen Politikfeldern. Im Bereich der Außen- und Sicherheitspolitik vermisst man parlamentarische Debatten völlig (und zwar auch in sonst selbstbewussten Parlamenten wie im Libanon oder in Kuwait); immerhin erzwang eine Minderheit der jordanischen Abgeordneten 1995 eine Debatte über den umstrittenen Friedensvertrag Jordaniens mit Israel (1994). In politisch weniger sensiblen Bereichen wie Bildung, Gesundheit, Landwirtschaft oder öffentlichen Investitionen kommt es häufig zu ausführlichen Debatten und auch zu Modifikationen der ursprünglich von der Regierung eingebrachten Gesetzesvorlagen (wobei es allerdings oft weniger um die programmatische Ausrichtung, sondern um die regionale Verteilung von finanziellen Zuschüssen und Vergünstigungen geht). Die islamistische Minderheit im kuwaitischen Parlament konnte mit Unterstützung konservativer Kreise so z. B. ein Gesetz über die getrenntgeschlechtliche Ausbildung an der nationalen Universität durchsetzen.

Der Einfluss auf die Politikformulierung kann noch indirekter erfolgen: Wahlen fungieren einfach als Barometer für die politische Stimmung im Land und die Zustimmung oder Ablehnung von Personen oder einem politischen Kurswechsel. Sie führen oft anschließend zum Austausch des politischen Führungspersonals oder zur Kooptation gemäßigter Oppositionspolitiker in den Regierungs- und Verwaltungsapparat bzw. in die informellen Gremien, die neue Gesetzesvorhaben diskutieren, bevor sie im Parlament eingebracht werden.

Der Einfluss der Parlamente bei der Aufstellung und Beratung des Haushalts (im Prinzip die wesentliche Möglichkeit zur politischen Gestaltung und Berücksichtigung neuer Prioritäten) beschränkt sich hingegen auf die Kompetenz der formellen Beschlussfassung. Der Haushaltsausschuss gehört zwar wie überall zu den wichtigsten und geschäftigsten Organen des Parlaments und einzelnen Parlamentariern gelingt es häufig, ihre regionalen Interessen in den Einzelposten des Budgets zu verankern. Doch arabische Parlamente würden Haushaltsentwürfe nicht in toto zurückweisen, und die Etats für den Staatschef oder für Verteidigung werden kaum jemals überhaupt detailliert behandelt. Das für die arabische Welt typische Mehrheitswahlrecht verwehrt den Parteien auch, Experten für Finanzfragen durch sichere Positionen auf Parteilisten ins Parlament zu bringen, wie dies in Verhältniswahlsystemen möglich ist. Denn in Mehrheitswahlsystemen müssen sich Kandidaten und Kandidatinnen in Wahlkämpfen beweisen und durchsetzen, wo die technische Kompetenz zur Beurteilung eines Haushaltsentwurfs kaum Wählerstimmen anzieht.

Wie real der Einfluss von gewählten Parlamenten dennoch ist, lässt sich daran erkennen, dass Marokko und Algerien 1997 durch die Einführung indirekt gewählter zweiter Kammern das potentielle Gewicht der direkt gewählten Volksvertretungen in den Entscheidungsprozessen zu verringen suchten. In beiden Maghreb-Staaten werden die Abgeordneten des Oberhauses durch berufsständische Gruppen und die Kommunalparlamente gewählt, in Algerien wird zudem ein Drittel direkt vom Staatspräsidenten ernannt. Das Oberhaus besitzt ein Vetorecht über die Gesetzgebung, und könnte unliebsame Gesetzesentwürfe der Regierung blockieren. Wachsender Einfluss von gewählten Parlamenten auf die Formulierung der Politik wird folglich durch die Einführung indirekt gewählter Institutionen und die Dezentralisierung von Kompetenzen auf untergeordnete Ebenen, die leichter zu kontrollieren sind, ausgehebelt.

Parlamenten fällt schließlich die Funktion der *Kontrolle von Regierung und Verwaltung* zu. Diese Kontrollfunktion wird jedoch eher sporadisch wahrgenommen und die (administrativ-finanzielle) Überprüfung von oberen Verwaltungsbehörden erfolgt praktisch ausschließlich durch exekutive Instanzen. Kontrolle erfolgt neben den Budgetrechten am ehesten durch die klassischen Fragekompetenzen (mit schriftlicher oder mündlicher Antwort) im Rahmen von Ausschüssen oder Plenarsitzungen, bei denen harte politische Auseinandersetzungen nicht ausbleiben. In einigen Fällen kam es zur Einsetzung von speziellen Untersuchungsausschüssen, zumeist im Zusammenhang mit Korruptionsvorwürfen gegen Minister und hohe Verwaltungsbeamte. In Jordanien musste sich 1990 sogar der frühere Premierminister Zaid al-Rifai vor einem Untersuchungsausschuss wegen Vorteilsnahme verantworten und im Libanon untersuchte 1992–93 ein Untersuchungsausschuss finanzielle Zuwendungen an Regierungsbeamte im Zusammenhang mit dem Kauf französischer Militärhubschrauber. In Bahrain, vor allem aber in Kuwait, dem arabischen Staat mit der wahrscheinlich längsten

Tradition entsprechender parlamentarischer Hartnäckigkeit, konnten wiederholt Misstrauensvoten gegen der Korruption verdächtige Minister nur knapp vermieden oder mit dünnen Mehrheiten abgeschmettert werden, einige Minister wurden tatsächlich zum Rücktritt gezwungen. Im Mai 2006 führte ein drohendes Misstrauensvotum gegen den zur königlichen Familie gehörenden Premierminister zur vorzeitigen Auflösung des Parlaments durch den Emir. Am Prinzip, dass Kritik an der königlichen Familie die Sicherheit des Landes gefährde, hat sich noch nichts Wesentliches geändert.

6. Wahlen als Diktat des Westens?

Welche Rolle spielen internationale Akteure für den bisher skizzierten Funktionswandel von Wahlen? Sind Ausweitungen des Frauenwahlrechts, die Zulassung von politischen Opponenten zu Wahlen und der begrenzte Effekt, den Wahlen für die Zusammensetzung von Regierungen und politische Entscheidungen in der arabischen Welt haben, dem Einfluss des Auslands geschuldet? Ist die Einführung begrenzten Wettbewerbs eine Konzession, die arabische Regime der internationalen Gemeinschaft und Menschenrechtsorganisationen einräumen mussten, oder sind es gerade die westlichen Staaten, die kein Interesse an wirklicher Demokratie haben, da diese ihre wirtschaftlichen Interessen gefährden könnte, und die daher in einer mehr oder weniger stillen Allianz mit den Regierungen der arabischen Staaten ‚echte' Wahlen verhindern?

Diese Fragen nach dem Einfluss externer Faktoren sind untrennbar mit der Problematik von Wahlen und Demokratisierung verbunden. Lange waren die westlichen Staaten nicht nur wichtigster Handelspartner und Hauptabnehmer des arabischen Erdöls, sie galten auch als unverzichtbare und zugleich verhasste Ordnungsmächte, die sich auf vielfältige Weise in die Politik zahlreicher arabischer Staaten einmischten. Der reale Einfluss der USA auf innenpolitische Prozesse selbst in Ländern wie Ägypten dürfte jedoch stets überschätzt worden sein.

Obwohl westliche Staaten und internationale Organisationen in anderen Teilen der Welt seit vielen Jahren die Abhaltung von freien Wahlen zum offiziellen Ziel ihrer Außenpolitik gemacht hatten, gab es in der arabischen Welt wenig direkte Demokratieförderung oder Wahlhilfe. Dies lag zum einen daran, dass in vielen Staaten gar keine nennenswerten Wahlen stattfanden, deren Durchführung man hätte professionalisieren können, oder demokratische Kräfte existierten, die man rückhaltlos hätte unterstützen können. Zum anderen brauchte der Westen das arabische Erdöl viel zu dringlich, als dass er Forderungen nach Wahlen und Demokratie mit wirtschaftlichen Sanktionen oder konkreten Bedingungen durchzusetzen versucht hätte.

Die terroristischen Attentate des 11. September 2001 und die Herkunft der Attentäter aus der arabischen Welt, insbesondere aus Saudi-Arabien, ließ die wissenschaftliche und politische Diskussion über strukturelle Ursachen des Terrorismus neu aufleben. Besonders in den USA gewann die These Zustimmung, dass die Dominanz autoritärer Regime in der arabischen Welt der ideale Nährboden für radikalislamische Bewegungen gewesen sei. Die vorrangige Strategie im ‚Krieg gegen den Terror' müsse daher die Demokratisierung der arabischen Regime sein. Diese Position musste vielen langjährigen Verbündeten der USA in der arabischen Welt recht seltsam erscheinen, bedeutete sie doch eine radikale Abkehr von den bisherigen Leitlinien. Faktisch hatten die USA nicht nur in den 1980er Jahren in Afghanistan die Ausbildung und Ausrüstung islamistischer Milizen im Kampf gegen die sowjetische Besatzung unterstützt; sie hatten auch ihre politischen, wirtschaftlichen und militärischen Beziehungen zur arabischen Welt ausschließlich nach den Kriterien der wirtschaftlichen Versorgungssicherheit sowie der Sicherheit Israels ausgerichtet. Zu den wichtigsten Verbündeten gehörten folglich Saudi-Arabien und die Golfmonarchien sowie Ägypten, deren autoritäre Herrschaftsformen in Washington kaum bedauert wurden.

Seit 9/11 wurde die Demokratisierung der arabischen Welt von einem außenpolitischen Ziel zu einer Frage der nationalen Sicherheit erhoben. Zur offiziellen Politik wurde die Demokratisierung des Nahen Ostens mit der im Dezember 2002 von US-Außenminister Colin Powell verkündeten *US Middle East Partnership Initiative*, mit der die reformfreundlichen gesellschaftlichen Akteure in den arabischen Ländern gestärkt werden sollten. Zu ihren drei Pfeilern gehörte neben der Förderung wirtschaftlicher Reformen durch Zusammenarbeit mit dem Privatsektor und der Förderung des Bildungssektors auch die Stärkung von Frauenrechten und der politischen Partizipation. Nachdem sich die konkreten Aktivitäten im Rahmen der Initiative aber doch nur auf Trainingsprogramme für Regierungsbeamte beschränkten, wurde das Programm erweitert mit dem Ziel, durch Stärkung demokratischer Medien und durch Austauschprogramme die ‚arabischen Herzen und Köpfe' zu erobern.

Mit der militärischen Invasion im Irak im März 2003, die primär dem Ziel des Regimewechsels diente (nicht umsonst hieß die Operation *Iraqi Freedom*), rückte Demokratisierung auf die Agenda der klassischen Außen- und Sicherheitspolitik. Von einer Demokratisierung des Irak versprachen sich Teile der US-Administration einen ähnlichen Schneeballeffekt, wie er in Mittel- und Osteuropa seit 1989 erfolgt war. Nachdem sich im Laufe der zweiten Jahreshälfte 2003 die ersten Schwierigkeiten bei der Demokratisierung des Iraks abgezeichnet hatten, bekräftigte US-Präsident George W. Bush am 6.11.2003 in einer vielbeachteten Rede das Ziel seiner Regierung, zur Demokratisierung des Nahen und Mittleren Ostens dauerhaft beizutragen. Die Rede wurde nicht nur in den USA selbst, sondern auch in der arabischen Welt mit Skepsis aufgenommen. Aus den Inhalten von Bushs Rede wurde schließlich die sogenannte *Greater Middle East Initiative* entwickelt, die als konkrete Maßnahmen u. a. Wahlhilfe, Ausbildung für Frauen, Journalisten und Nichtregierungsorganisationen vorsah, sowie ein Paket von wirtschaftlichen Maßnahmen (u. a. Unterstützung von Freihandelszonen und Mikrokreditprogrammen). Unter dem *Greater Middle East* wurde nun nicht mehr allein die arabische Welt zusammengefasst, das Programm schloss Israel, die Türkei, Iran, Afghanistan und Pakistan mit ein.

Obwohl diese neue Initiative sich inhaltlich in weiten Teilen explizit auf den von arabischen Autoren verfassten *Arab Human Development Report* stützte, wurde sie von arabischen Politikern und Intellektuellen unisono zurückgewiesen. Prinzipiell wurden allerdings weniger die inhaltlichen Analysen oder das strategische Ziel der Demokratisierung kritisiert, sondern der anmaßende Versuch eines Hegemons, über das Los von Staaten und Gesellschaften entscheiden zu wollen. Der Versuch, politische Reformen von außen zu erzwingen, sei zum Scheitern verurteilt, so z. B. die Reaktion des ägyptischen Präsidenten Mubarak. Zudem schwäche die amerikanische Politik im Irak die demokratischen Kräfte in der Region. Auch wenn zivilgesellschaftliche Kräfte in mehreren Ländern mit dem neuen externen Druck durchaus Hoffnungen auf weitere politische Reformen verbanden, ist selbst in ursprünglich US-freundlichen Staaten wie Marokko oder Jordanien die Zustimmung zur US-Außenpolitik im letzten Jahrzehnt (gerade aufgrund des Irak-Kriegs und der Vorkommnisse in Abu Ghaib) dramatisch zurückgegangen. Letztlich ist allen Beteiligten klar, dass es den USA kaum um Demokratisierung an sich, sondern primär um Terrorismusbekämpfung und die nachträgliche Legitimation der Irak-Invasion geht.

Im Versuch, die Unterstützung der Europäer zu gewinnen, wurde ein bescheidenerer Plan unter dem Namen *Broader Middle East and North Africa Initiative* (BMEI) im Juni 2004 beim G-8-Gipfel in den USA verabschiedet. Er betonte nicht nur die notwendige Unterstützung von bereits existierenden Reformimpulsen in den arabischen Gesellschaften, sondern schloss die Forderung nach einer Lösung des Konflikts zwischen Israel und den Palästinensern mit ein. Für die USA kann der israelisch-arabische Konflikt erst nach einer Demokratisierung der Region gelöst werden, während aus europäischer Sicht die andauernden militärischen Konflikte zu einer Stärkung der Sicherheitsapparate und einer Einschränkung der Bürgerrechte führen. Auch in der BMEI tauchten die arabischen Regierungen primär als Zielgruppen und nicht als Partner auf.

Die europäischen Staaten hatten bereits seit 1995 im Rahmen der Euro-Mediterranen Partnerschaft (EMP) Bestrebungen zur Förderung der Demokratie in der arabischen Welt unternommen, wenn auch mit anderen Instrumenten als die USA und ohne das Kind bei seinem Namen zu nennen. Die Europäer betonten bis 2001 statt militärischer Mittel primär den Partnerschaftsgedanken mit reformorientierten Regierungen, was sich auf die Stärkung von Regierungsinstitutionen und Zivilgesellschaft, insbesondere von

Menschenrechtsorganisationen, bezog. Demokratisierung war kein vorrangiges Ziel der EMP, da sie sich eher mit Fragen sicherheitspolitischer Kooperation, Migration, Drogenschmuggel, regionaler Integration und wirtschaftlicher Transformation befasste. Der Begriff der Demokratie wurde anfangs sogar weitgehend vermieden. Die Hoffnung auf Demokratisierungseffekte beruhte eher auf den vermuteten indirekten Auswirkungen der disparaten Fördermaßnahmen, etwa im Bereich effizienter Regierungsführung (good governance) und wirtschaftlicher Entwicklung, auf politische Reformen in der Region.

Seit 2001 änderte sich zumindest die rhetorische Bedeutung von Demokratisierung, und einige europäische Regierungen (Deutschland, Schweden, Niederlande, Dänemark, Großbritannien und Frankreich) legten spezielle Hilfsprogramme für Demokratieförderung im Mittleren Osten auf, von denen insbesondere die PA und Jemen profitierten. Tatsächlich konzentrierten sich die meisten Projekte aber weiterhin auf kulturelle, Bildungs-, Umwelt- und Entwicklungsfragen, abgesehen von der bereits bestehenden Unterstützung der Menschenrechtskommissionen und Ausbildungsmaßnahmen für Parlamentarier in einzelnen Ländern. Die wesentliche Neuerung bestand in der verstärkten Förderung von Frauenrechten, etwa durch Finanzierung von Menschenrechtsgruppen, oder Ausbildungsmaßnahmen für weibliche Parlamentarierinnen. Insgesamt blieb die EU auch seit 2001 ihrem partnerschaftlichen Ansatz treu, der auf Dialog und positive Anreize statt auf außenpolitischen Druck oder militärisch erzwungenen Regimewandel setzt. Im Dezember 2003 verabschiedeten EU-Kommission und Rat ein gemeinsames Strategiepapier mit dem Titel *Strengthening the EU's Relations with the Arab World*, in dem die Zusammenarbeit auch mit den arabischen Staaten östlich von Jordanien, die von der EMP nicht berücksichtigt worden waren, verstärkt wurde.

In Europa sind die für Demokratieförderung ausgegebenen Mittel insgesamt in beschränktem Rahmen geblieben. Ein Großteil der sogenannten politischen Hilfe für die arabische Welt hat mit

Demokratie- oder Wahlförderung wenig bis nichts zu tun, und weiterhin dominiert der Ansatz, wonach die Förderung von unabhängigen Unternehmern und anderen gesellschaftlichen Gruppen mittelfristig die beste Demokratisierungspolitik darstellt. Es fehlt aber an konkreten Ideen, wie eine stärkere Verknüpfung zwischen der Förderung von gesellschaftlichen Akteuren oder Governance-Reformen und laufenden politisch-institutionellen Reformen auf nationaler Ebene hergestellt werden könnte. Demokratieförderung in den genuin politischen Bereichen wie Wahlen, Parteien, Parlamenten oder zivil-militärischen Beziehungen bleibt ebenso gering wie die Förderung von zivilgesellschaftlichen Aktivitäten, die sich direkt auf den politischen Prozess beziehen. Zur Ausarbeitung eines im engeren Sinne politischen Ansatzes der Demokratieförderung ist es jenseits isolierter Maßnahmen nicht gekommen. Damit riskiert die europäische Politik aber auch, das Ausbleiben weitergehender Demokratisierung nicht nur zu dulden, sondern faktisch gutzuheißen.

Was lässt sich also unter dem Strich über den Erfolg der US-amerikanischen und europäischen Demokratieförderung und die Bedeutung externer Faktoren für Wahlen in der arabischen Welt sagen? Dort, wo westliche Akteure den größten Einfluss hatten (die USA im Irak, die EU in der PA), hat die Forderung nach Durchführung von fairen und freien Wahlen eine große Rolle gespielt. Wahlen wären ohne diesen Einfluss weder in dieser Form abgelaufen, noch hätten sie die gleiche Bedeutung für den politischen Prozess erlangt. In den meisten anderen Staaten hat westlicher Einfluss eine untergeordnete Rolle gespielt und das Timing von Wahlen, deren wahlrechtliche Regelungen und ihre Relevanz für die Politik hing von unterschiedlichen internen Faktoren ab. Mit Wahlen lässt sich zwar auch bei der internationalen Öffentlichkeit punkten, aber diese dienen primär der internen Regimestabilisierung und erst danach der Schaffung internationaler Legitimität. Dass viele Wahlen in der arabischen Welt so weit hinter internationalen Standards zurückbleiben, liegt ja zumeist nicht an der fehlenden Professionalität der

Administrationen, sondern an einer langen Tradition des manipulativen Einsatzes von Wahlen als Instrument der Herrschaftssicherung, jedenfalls in Staaten wie Ägypten, Marokko oder Kuwait.

Das ‚Grand Design' der USA und der partnerschaftliche Ansatz der EU gleichen sich folglich in ihrer relativen Wirkungslosigkeit. Die USA haben im Irak unter hohen Kosten für alle Seiten eine Demokratisierung und freie Wahlen erzwungen, deren Nachhaltigkeit zweifelhaft ist, und demokratische Reformer in Nachbarländern eher diskreditiert als gestärkt hat. Die EU-Staaten haben primär zivilgesellschaftliche Kräfte gefördert, die unter den vorherrschenden Bedingungen massiver Einschränkungen politischer Rechte oder des Ausnahmezustands keinen oder kaum einen (Ägypten) Einfluss auf die Durchsetzung von freien Wahlen oder Demokratie gewinnen konnten.

Letztlich sind solche Fehlschläge auf zwei grundlegende Dilemmata zurückzuführen, von denen eines mit den Interessen der Demokratieförderer und das andere mit denen der zu demokratisierenden Zielgruppe zu tun hat: Zum einen kollidiert das Interesse an Demokratie mit anderen außenpolitischen Zielen, insbesondere der Energiesicherheit und der dafür notwendigen politischen und militärischen Stabilität. Die Zusammenarbeit auf dem Sicherheitssektor bzw. das Interesse des Westens an einem Verzicht auf Massenvernichtungswaffen hat z. B. in Syrien oder Libyen jeden Dialog über interne politische Reformen zum Erliegen gebracht. Jede Forderung nach Demokratisierung büßt aber an Glaubwürdigkeit ein, wenn sie die strategischen Verbündeten wie beispielsweise Saudi-Arabien ausspart. Die Durchsetzung eines offenen politischen Wettbewerbs im Rahmen von Demokratisierungsprozessen kann auch zum Ausbrechen ethnischer und religiöser Konflikte und zu einer stärkeren Polarisierung der innenpolitischen Prozesse führen, wie sich Anfang der 1990er Jahre in Algerien und nun im Irak gezeigt hat. Eine echte Demokratisierung führt zumindest temporär zu Unsicherheit über die konkrete Ausgestaltung der Herrschaftsform und über die zukünftig Regierenden (und deren Wirtschaftspolitik).

Das zweite Dilemma einer extern geförderten Demokratisierung besteht in der Suche nach Akteuren, die das demokratische System früher oder später alleine verteidigen können, wenn es Bestand haben soll. Das Engagement des Auslands ist von der Überzeugung getragen, pro-westliche ‚liberale' Kräfte zu stärken und nach Möglichkeit an die Macht zu bringen. Das Dilemma der Demokratieförderung besteht darin, dass eine rückhaltlose Unterstützung der Demokratisierung aber politische Kräfte an die Macht bringt, die nicht unbedingt demokratische Werte vertreten. Zwar gibt es in allen arabischen Staaten säkularistische und an demokratischen Werten orientierte Parteien und Gruppierungen, diese bilden aber keine wirkliche Gegenmacht zum Regime und landen auch bei halbwegs freien Wahlen in abgeschlagenen Positionen. Die einzige Opposition, die von der Einführung pluralistischer Wahlen profitieren konnte, ist die islamistische. Die Tatsache, dass sich islamistische Gruppen auf die von autoritären Systemen diktierten Regeln für die Beteiligung an Wahlen einlassen, zeigt lediglich, dass sie nicht den revolutionären Weg zur Macht einschlagen. Es bedeutet weder, dass sie sich für ein demokratisches System einsetzen, noch, dass sie dies tun würden, wenn sie an der Macht wären. Da dieser Fall noch nicht eingetreten ist (die prekäre Herrschaft von *Hamas* in der PA kann kaum als Beleg dienen), lässt sich darüber nur spekulieren. Andererseits diskreditiert eine Demokratieförderung, die nur Sieger nach ausländischen Vorstellungen akzeptiert, das Demokratiekonzept selbst.

Zu Beginn eines Demokratisierungsprozesses haben noch nicht alle Akteure ein wirkliches Interesse an der Geltung demokratischer Regeln und unterstützen den Prozess vielleicht nur, weil er zur Erreichung anderer Ziele nützlich ist. Daher mag es aus Sicht der Demokratieförderung durchaus sinnvoll sein, auch die autoritären Eliten oder islamistischen Parteien, die sich nur aus strategischen Gründen auf politischen Wettbewerb einlassen, zu unterstützen, solange jedenfalls, wie sie der Gewalt abschwören. Dies liegt schon deswegen nahe, weil sich in einigen Staaten (wie z. B. Kuwait) ad hoc Koalitionen von liberalen Reformern und Islamisten ergeben haben. Freilich sollte diese Unterstützung, z. B. von moderaten Islamisten, selbst strategischer Natur sein und beendet werden, wenn klar wird, dass mittelfristig bei den Akteuren trotz der Mitwirkung im formalen politischen System keine demokratischen Überzeugungen entstehen. In ähnlicher Weise darf die Zulassung von Wettbewerb bei Wahlen noch nicht als Erfolg der Demokratieförderung gefeiert werden, solange das Regime die Regeln des Wettbewerbs einseitig festlegen kann.

7. Wandel durch Wahlen in der arabischen Welt?

Am Ende des Buches sollen die anfangs gestellten Fragen nach der Bedeutung von Wahlen für politischen Wandel in der arabischen Welt noch einmal aufgegriffen werden.

Die Entwicklungen in den 16 hier betrachteten arabischen Staaten haben deutlich gezeigt, dass die Durchführung von nationalen Wahlen in inzwischen 13 unter ihnen nicht mit einer Demokratisierung des jeweiligen politischen Systems gleichzusetzen ist. Die aus demokratischer Sicht wesentlichste Aufgabe von Wahlen, Herrschaft zu übertragen und zu beschränken, wird von den Wahlen in der arabischen Welt nicht erfüllt. Mit vereinzelten Ausnahmen wie dem Libanon oder den Palästinensischen Autonomiegebieten steht bereits vor den Wahlen fest, welcher Kandidat oder welche Partei gewinnen wird. Viele arabische Regime haben sich in den letzten zwanzig Jahren in der Tat nur unter der Prämisse auf Wahlen eingelassen, dass ihre Herrschaft dabei nicht zur Disposition steht. Auch die reformfreudigeren unter ihnen (wie die Herrscher Jordaniens oder Kuwaits) haben deutlich gemacht, dass sie Wahlen auf unbegrenzte Zeit aussetzen, sollte ihre Machtposition gefährdet werden, und kaum jemand bezweifelt, dass sie über die Möglichkeiten verfügen, eine solche Drohung wahr zu machen. Andererseits zeigt das Beispiel Kuwaits, dass auch die wiederholte Auflösung eines unbotmäßigen Parlaments immer wieder zur Wahl eines ebenso selbstbewussten Parlaments führt, und sich folglich die Bevölkerung nicht mehr einschüchtern lässt.

Im Unterschied zur Ära der Einheitsparteien gehen aus Wahlen inzwischen Parlamente hervor, in denen die Vielfalt gesellschaftlicher Interessen repräsentiert wird. Sicherlich werden Oppositionsbewegungen in vielen Fällen weiterhin benachteiligt, ihre Zeitungen geschlossen und ihre prominentesten Kandidaten ins Gefängnis gesteckt. Restriktive Verfassungsbestimmungen verbieten z. T. Parteienaktivitäten generell oder schränken ihren Bewegungsspielraum stark ein. Dennoch sind Parlamentswahlen zu spannenden Ereignissen geworden. Neben die historischen Oppositionsparteien liberaler und urbaner Provenienz sind nun religiöse politische Bewegungen getreten, von denen sich wachsende Teile der Bevölkerung besser repräsentiert (und wohl auch besser materiell versorgt) fühlen. Praktisch überall wo Wahlen stattfanden, sind Islamisten in Parlamenten vertreten, trotz massiver Benachteiligung. Dies belegt deren wachsende Bedeutung innerhalb der arabischen Welt, zeigt aber auch, dass die Islamisten selbst sich von einer Mitwirkung im politischen Prozess mehr versprechen als vom revolutionären Umsturz. Schließlich sind Parlamente auch repräsentativer geworden in dem Sinne, dass Frauen dort zunehmend vertreten sind. Obwohl die bestehenden Wahlsysteme in vielerlei Hinsicht die Chancen der Kandidatinnen schmälern, und die arabische Welt auch im interregionalen Vergleich hinterherhinkt, zeigen sich hier Zeichen eines politischen Wandels, der durch Wahlen unterstützt wird.

Schließlich sind in den letzten Jahren verbleibende Restriktionen des allgemeinen Wahlrechts weiter abgebaut worden. Außer in Saudi-Arabien und den Vereinigten Arabischen Emiraten dürfen Frauen überall wählen, auch wenn gerade auf der Arabischen Halbinsel kulturelle Vorbehalte stark verwurzelt bleiben. Die Bürger- und Wahlrechte der ‚staatenlosen' Beduinen am Golf wurden gestärkt. Die Palästinenser durften erstmals in ihrer Geschichte ein nationales Parlament wählen, wenn auch nur das eines staatsähnlichen Gebildes. Ob diese Ausweitung des Wahlrechts zu einer stärkeren Form von Bürgerschaft führt und die individuelle und universale Zugehörigkeit zur politischen Gemeinschaft stärker determiniert als tribale und ethnische Zugehörigkeit oder der sozio-ökonomische Status, wird sich freilich erst in der Zukunft zeigen.

Die Bedeutung, die Wahlen für einen politischen Wandel hin zu mehr Demokratie haben, hängt letztlich davon ab, welche Faktoren als maßgeblich für das Ausbleiben von Demokratie in der arabischen Welt angesehen werden.

Ein prominenter Ansatz sieht strukturelle Rahmenbedingungen als wesentliche Erklärungsfaktoren für die politische Entwicklung. Dies können kulturelle oder sozio-ökonomische Faktoren sein. Zu den kulturellen Rahmenbedingungen werden meist der Patriarchalismus und die Stammeskultur vieler arabischer Gesellschaften gezählt. Sie würden die Entwicklung von Bürgergesellschaften verhindern, in denen das Wahlrecht universell anerkannt ist und als echte Möglichkeit zur Beteiligung am politischen Prozess gesehen wird. Die Dominanz des Islams gilt als weitere wesentliche kulturelle Rahmenbedingung für politische Prozesse. Über die Vereinbarkeit von Islam und demokratischer Ordnung ist seit langem gestritten worden, und die halbherzigen Bekenntnisse radikalislamischer Bewegungen zur Demokratie haben entsprechenden Argumenten neuen Auftrieb gegeben. Andererseits erklärt diese These keineswegs die unterschiedliche Bedeutung von Wahlen in arabischen Staaten, sind diese doch alle mehrheitlich islamisch. Zudem hat gerade der radikale Islam in einigen Staaten eine zentrale Rolle in der Mobilisierung gegen autoritäre Herrschaft gespielt. Schließlich gibt es außerhalb der arabischen Welt eine Reihe von islamischen Gesellschaften, in denen Wahlen und Demokratie fest verankert sind, was gegen eine prinzipielle Inkompatibilität von Islam und demokratischer Herrschaft spricht.

Plausibler als kulturelle Erklärungsansätze erscheint die Argumentation mit sozio-ökonomischen Rahmenbedingungen. Dem Ansatz des sogenannten Rentier-Staates zufolge sind die arabischen Staaten durch die Verfügung über Erdöleinkommen weniger abhängig von der Besteuerung ihrer Bevölkerung, weil sie soziale und wirtschaftliche Entwicklung direkt aus der Staatskasse bezahlen können. Da in Europa historisch der Widerstand gegen eine willkürliche Besteuerung (zur Finanzierung von Kriegen und staatlicher Verwaltung) zur Gewährung von Mitbestimmungsrechten führte, würde sich erklären, warum die Bürger und Bürgerinnen arabischer Staaten nicht nachdrücklicher politische Partizipation und freie Wahlen einfordern. Auch diejenigen Länder, die nicht direkt über Einnahmen aus Erdölexporten verfügten, sind, dieser These folgend, durch Arbeitskräfteexport und direkte Finanzhilfen aus den erdölproduzierenden Ländern in dieses System eingebunden. Für die These spricht, dass Staaten ganz ohne nationale Wahlen wie Libyen oder Saudi-Arabien zu den ölreichsten Staaten der Region gehören. Vorsichtiges Experimentieren mit Wahlen begann in Staaten wie Oman und insbesondere Bahrain nicht zufällig, als sich dort ein Ende des Ölbooms abzuzeichnen begann. Andererseits haben Wahlen und Demokratie im erdölreichen Algerien (oder Iran) eine größere Bedeutung gewonnen als in den ressourcenarmen Staaten Tunesien oder Syrien. Die sozio-ökonomischen Bedingungen sind als alleiniger Erklärungsansatz daher auch fragwürdig.

Diesen strukturellen Erklärungsversuchen, seien sie nun kultureller oder ökonomischer Natur, ist in den letzten Jahren zunehmend mit akteursorientierten Ansätzen entgegengetreten worden. Hierbei tritt die Bedeutung, die Individuen und Gruppen für politische Prozesse haben können, in den Vordergrund. Niemand würde z. B. leugnen, dass die Person Nelson Mandelas für den politischen Wandel in Südafrika eine wichtige Rolle gespielt hat. Entsprechend ließe sich argumentieren, dass individuelle Charaktereigenschaften und Präferenzen von Politikern und Herrschern in der arabischen Welt zu einem guten Teil erklären, warum Wahlen durchgeführt werden. Dies ist z. B. relativ offensichtlich im Fall des jordanischen Königs Hussein II. oder des jungen Herrschers von Katar Hamad bin Khalifa. In anderen Fällen, etwa beim PLO-Vorsitzenden Yassir Arafat, haben persönliche Faktoren in der Schlussphase seiner Herrschaft maßgeblich dazu beigetragen, Wahlen nicht durchzuführen. Eine akteursorientierte Analyse greift jedoch weiter. Politische Prozesse müssen nicht notwendigerweise aus gezieltem und strategischem Handeln resultieren, sondern können auch das unbeabsichtigte Resultat des Zusammenwirkens verschiedener Akteure und Akteursgruppen sein. Die Annullierung der algerischen Wahlen 1991 ließe sich z. B. gut aus einer solchen Perspektive analysieren, kam es hier doch zu einer Reihe von Fehleinschätzungen von Parteiführern und Regierungsmitgliedern und zu einem Wahlsystem und einer politischen Konstellation, die letztlich von keinem der handelnden Akteure in dieser Form angestrebt worden war.

Akteursorientierte Ansätze betonen die Wahlmöglichkeiten, die handelnden Personen und Gruppen unter bestimmten strukturellen Gegebenheiten verbleiben. Sie konzentrieren sich z. B. auf die herrschenden Gruppen im Sicherheitsapparat arabischer Staaten, um zu fragen, warum sich einige jeglichen Reformen entgegenstellen und andere mit unterschiedlichen Formen von Wahlen experimentieren. Oft wird dabei die Frage entscheidend sein, ob ein Liberalisierungsprozess gesteuert werden kann und welches Schicksal die herrschende Gruppe im Fall eines Machtwechsels erwartet. Auf Seiten der Opposition spielt die Fähigkeit von Parteiführern, sich auf einheitliche Strategien (etwa Wahlboykott oder Aufstellung von Präsidentschaftskandidaten) zu einigen, im Mittelpunkt des Interesses. Auch der in den letzten Jahren wichtiger gewordene Einfluss ausländischer Staaten und Organisationen auf die demokratischen Fort- und Rückschritte in der arabischen Welt lässt sich am besten durch eine solche theoretische Perspektive verstehen. Dieser Einfluss ist zwar in Teilen auch struktureller Art (z. B. durch Globalisierungswirkungen und neue Normen in der internationalen Menschenrechtspolitik), er äußert sich aber vor allem durch punktuelle oder massive außen- und entwicklungspolitische Interventionen einer Vielzahl von westlichen Staaten und internationalen Organisationen.

Neben den strukturalistischen und akteurszentrierten Ansätzen gibt es noch eine dritte theoretische Perspektive auf die politische Entwicklung arabischer Staaten, der auch dieses Buch implizit gefolgt ist. Hierbei wird die eigenständige Bedeutung von Institutionen für die politischen Prozesse betont. Die sich im Regierungs-, Wahl- und Parteiensystem manifestierenden Regeln haben eine potentiell große Bedeutung für Wahlergebnisse und die verschiedenen Funktionen von Wahlen. Sie können in der Regel weder von einzelnen Akteuren nach Gutdünken geändert werden, noch spiegeln sie einfach die strukturellen Rahmenbedingungen einer Gesellschaft wider. Es ist von Bedeutung, welches Wahlrecht und welches Wahlsystem zur Anwendung kommt (wie z. B. die jahrelangen Auseinandersetzungen um Frauenwahlrecht und Wahlkreisgrößen in Kuwait zeigen), und über welches Maß an Unabhängigkeit und Kompetenzen eine Wahlbehörde verfügt. Wie in diesem Buch gezeigt wurde, unterscheiden sich die arabischen Staaten in erheblicher Weise in diesen institutionellen Bestimmungen, und die jeweiligen Regeln haben z. B. die Chancen von Islamisten an der Wahlurne erheblich beeinflusst. Institutionen können die ganz unterschiedlichen Erfahrungen arabischer Staaten mit Wahlen folglich weitaus besser erklären als die zugrundeliegenden gesellschaftlichen Strukturen, die sich weit mehr ähneln.

Andererseits ist nicht zu leugnen, dass es in Staaten wie z. B. Ägypten zu einem raschen Wandel der einschlägigen Bestimmungen gekommen ist, ohne dass sich an den Auswirkungen von Wahlen etwas Wesentliches geändert hätte. Während eine strukturalistische Argumentation Wahlen keine große Bedeutung für politischen Wandel einräumen wird, da Wahlergebnisse lediglich die zugrundeliegenden gesellschaftlichen Machtverhältnisse oder dominierenden kulturellen Verhaltensmuster widerspiegeln, glauben Institutionalisten an die Möglichkeit, dass Regeln und Normen ein Eigenleben entwickeln, das von den Akteuren nicht mehr zu kontrollieren ist, bzw. ihre politische Interessen, ihr Verhalten und ihre Einstellungen auf lange Sicht verändern kann.

Die Bedeutung, die Wahlen in der arabischen Welt zukünftig einnehmen werden, bleibt von allen genannten Faktoren abhängig. Ohne Akteure, die innergesellschaftlich und von außen die Prinzipien demokratischer Wahlen unterstützen, wird ein Funktionswandel der Wahlen kaum durchzusetzen sein. Eine Veränderung der gesellschaftlichen Strukturen könnte die wirtschaftliche Basis und Unabhängigkeit für oppositionelle Kräfte schaffen. Es geht aber auch und gerade für oppositionelle Akteure darum, die Auseinandersetzungen um wahlsystematische Regeln aufzunehmen und als wichtigen Schauplatz zu erkennen, an dem sich grundlegende Fragen der Partizipation, Repräsentation und Herrschaft entscheiden. Es geht eben nicht nur um Wahlfälschung, sondern auch um die Frage, welchen Parteien unter welchen Bedingungen die Teilnahme an der Wahl überhaupt gestattet wird, und ob die Stimmen aller Kandidaten und Parteien das gleiche Gewicht haben oder bestimmte Akteure durch extreme Prozenthürden oder Kandidaturerfordernisse systematisch bevorzugt werden.

Wahlen werden weiterhin auf der politischen Tagesordnung der arabischen Staaten stehen. Ihre Bedeutung wird maßgeblich auch von der Stabilität des regionalen Staatensystems abhängen. Die hier diskutierten Funktionen von Wahlen bedürfen eines prinzipiell friedlichen Umfelds, so dass eine reguläre Organisation von Wahlen möglich ist. Bei militärischen Invasionen und bewaffneten Auseinandersetzungen innerhalb von oder zwischen Staaten dominiert die Logik der Gewalt, im Gegensatz zu Wahlen, die im Prinzip ein friedlicher Weg zur Lösung gesellschaftlicher Konflikte sind. Der ungelöste Nahostkonflikt dient vielen arabischen Staaten der Region als bequemer Vorwand, um ihren Völkern demokratische Rechte vorzuenthalten, wie sich praktisch jeder Resolution der Arabischen Liga entnehmen lässt. Israel hat ebenfalls wenig Interesse an einer wirklichen Demokratisierung seiner Nachbarländer gezeigt, da es dadurch seinen außenpolitisch verwertbaren Sonderstatus als einzige Demokratie der Region einbüßen würde und demokratisch gewählte Regierungen (siehe *Hamas*) den israelischen Interessen gegenüber nicht unbedingt gewogener sein dürften als die noch amtierenden autoritären Regime.

Die arabische Welt befindet sich in einem Prozess des raschen gesellschaftlichen und politischen Wandels. Der personelle Wechsel an der Spitze vieler Staaten steht für einen weitaus umfassenderen Generationswechsel bei den politischen und wirtschaftlichen Eliten, der in vollem Gange ist. Dieser personelle Wandel resultiert nur in wenigen Fällen aus dem Votum von Wählern, sondern erfolgt eher durch gezielte Rekrutierung und Kooptation von oben. Die neuen

Eliten repräsentieren daher auch nicht unbedingt neue politische Kräfte oder bisher marginalisierte gesellschaftliche Interessen. Daher spricht vieles gegen einen raschen Funktionswandel von Wahlen. Andererseits ist die Entwicklung hin zur Konstitutionalisierung politischer Macht nicht mehr aufzuhalten. Die Durchführung von Wahlen ist ein notwendiger Bestandteil dieses verfassungsrechtlichen Instrumentariums und die neuen Eliten werden daher kaum darauf verzichten. Solange die Herrscher wirklich kompetitive Wahlen nicht zulassen, werden wir auch nicht erfahren, welche politischen Präferenzen die arabischen Wähler tatsächlich haben, ob sie tatsächlich mehrheitlich radikal-islamischen Parteien zuneigen, oder ob die autoritären Herrscher doch beliebter sind, als sie selbst glauben, und auch freie Wahlen politisch überleben würden. Sind reale Wahlen jedoch einmal zugelassen in dem Sinne, dass es eine Ungewissheit über die Ergebnisse gibt, wird sich die hierdurch ausgelöste gesellschaftliche Dynamik auch in der arabischen Welt nur noch schwer bremsen lassen.

Kurzbibliografie

Der Text stützt sich auf Thesen und Argumente aus der nachfolgenden Literatur, ohne dass dies, dem Editionsprinzip dieser Reihe folgend, im Einzelnen kenntlich gemacht wurde.

Zu den *Wahlen, zum Wahlrecht* und *Wahlsystemen* in der arabischen Welt gibt es praktisch keine systematische und länderübergreifende Literatur. Ausnahmen sind:

Bras, Jean-Philippe (2000): Elections et représentation au Maghreb, *Monde Arabe Maghreb Machrek* No. 168, 3–13.

Dillman, Bradford (2000): Parliamentary Elections and the Prospects for Political Pluralism in North Africa, *Government and Opposition* 35/2, 211-236.

Nohlen, Dieter/ Grotz, Florian/ Hartmann, Christof (2001): The Middle East, in: dies. (Hg.), *Elections in Asia and the Pacific. A Data Handbook*, Vol. I, Oxford: Oxford UP, 47–316.

Lust-Okar, Ellen/ Jamal, Amney Ahmad (2002): Rulers and Rules. Reassessing the Influence of Regime Type on Electoral Law Formation, *Comparative Political Studies* 35/3, 337–366.

Pripstein Posusney, Marsha (2005): Multi-Party Elections in the Arab World: Election Rules and Opposition Responses, in: dies./ M. Penner Angrist (Hg.), *Authoritarianism in the Middle East*, Boulder, Col.: Lynne Rienner, 91–118.

Zur Geschichte der arabischen Wahlen bietet eine hervorragende Einführung

Owen, Roger (2000): *State, Power and Politics in the Making of the Modern Middle East*, London: Routledge.

Lesenswerte Analysen der Demokratisierungsproblematik aus ganz unterschiedlichen Perspektiven bieten:

Salamé, Ghassan (Hg.; 1994): *Démocraties sans Démocrates*, Paris: Fayard.

Brynen, Rex/ Korany, Baghat/ Noble, Paul (Hg.; 1995–1998): *Political Liberalization and Democratization in the Arab World*, 2 Bde., Boulder, Col.: Lynne Rienner.

Pawelka, Peter (2000): Politische Systeme im Vorderen Orient: Analysekonzepte und Forschungsstrategien, *Orient* 41/3, 389–412.
Perthes, Volker (2002). *Geheime Gärten. Die neue arabische Welt*, Berlin: Siedler.
Sadiki, Larbi (2002): Popular Uprising and Arab Democratization, *International Journal of Middle East Studies* 32, 71–95.
Harders, Cilja (2002): *Staatsanalyse von unten. Urbane Armut und politische Partizipation in Ägypten*, Hamburg: DOI.
Brumberg, Daniel (2003): *Liberalization versus Democracy. Understanding Arab Political Reform*, Washington, D.C.: Carnegie Endowment Working Papers No. 37.
Albrecht, Holger/ Schlumberger, Oliver (2004): "Waiting for Godot": Regime Change without Democratization in the Middle East, *International Political Science Review* 25/4, 371–392.
Pripstein Posusney, Marsha/ Penner Angrist, Michèle (Hg.; 2005), *Authoritarianism in the Middle East*, Boulder, Col.: Lynne Rienner.

Zum Umgang mit den Islamisten ist zusätzlich von Bedeutung:
Hudson, Michael C. (1995): Arab Regimes and Democratization: Responses to the Challenge of Political Islam, in: Laura Guazzone (Hg.), *The Islamist Dilemma*, Reading: Ithaca Press, 217-244.

Zur Nachfolgeproblematik ist zu empfehlen:
Faath, Sigrid (2000): *Konfliktpotential politischer Nachfolge in den arabischen Staaten*, Hamburg: Ed. Wuquf.
Beck, Martin (2005): Von der Dynastierung zur Demokratisierung von Herrschaft im Vorderen Orient?, in: H. Fähndrich (Hg.), *Vererbte Macht. Monarchien und Dynastien in der arabischen Welt*, Frankfurt: Campus, 157–177.

Die gestiegene Bedeutung der Parlamente betonen:
Baaklini, Abdo/ Denoeux, Guilain/ Springborg, Robert (1999): *Legislative Politics in the Arab World. The Resurgence of Democratic Institutions*, Boulder, Col.: Lynne Rienner.

Zur externen Demokratieförderung ist zu verweisen auf die Beiträge von Martin Beck und Muriel Asseburg in Orient Jg. 46 Heft 2 (2005)

sowie das Sonderheft der Zeitschrift Internationale Politik vom Juni 2006 (u. a. mit einem Beitrag von Udo Steinbach).
Hintergrundinformationen zu einzelnen Wahlen finden sich u. a. in der laufenden Berichterstattung des Instituts für Nahost-Studien (vormals: Orient-Institut) in Hamburg (www.giga-hamburg.de), bei der International Foundation for Electoral Systems (www.ifes.org), im *Arab Reform Bulletin* (www.CarnegieEndowment.org), dem Governance Programm der Vereinten Nationen für die arabische Welt (www.pogar.org), sowie den Hintergrundberichten der International Crisis Group (www.crisisgroup.org).

Glossar

Kompetitive, semi-kompetitive, nicht-kompetitive Wahlen:

Die Begriffe umschreiben das Ausmaß des realen Wettbewerbs zwischen Parteien, bzw. Kandidatinnen und Kandidaten bei Wahlen. Eine nicht-kompetitive Wahl erlaubt demnach gar keinen Wettbewerb, z. B. weil nur ein Kandidat oder eine Partei wählbar ist, während eine kompetitive Wahl diesen Wettbewerb prinzipiell nicht begrenzt. Semi-kompetitive Wahlen stecken das Feld zwischen den beiden Extremtypen ab, d. h. die Wahlen erlauben zwar Wettbewerb, dieser ist aber nicht 'frei und fair'.

Mehrheitswahlrecht, rel. MW, abs. MW:
In diesen Wahlsystemen entscheidet die Mehrheit der Stimmen über die Frage, welche Kandidaten und Kandidatinnen bzw. Parteien Wahlen gewinnen. Man unterscheidet zwischen dem relativen oder einfachen Mehrheitserfordernis (rel. MW), bei dem der oder die Kandidaten mit den meisten Stimmen gewählt sind, unabhängig davon, welchen Anteil an den Gesamtstimmen sie erreicht haben und der absoluten Mehrheitswahl (abs. MW). Bei ihr müssen 50%+1 der gültigen Stimmen erzielt worden sein, um die Wahl zu gewinnen. Dies macht zumeist einen zweiten Wahlgang erforderlich, in dem nur noch die bestplatzierten Kandidaten des ersten Wahlgangs antreten dürfen.

Verhältniswahlrecht:
Bei diesen Wahlsystemen spiegelt der Anteil von Sitzen, den Parteien erreichen, den Stimmenanteil, den die Partei in einem Wahlkreis erreicht hat. Das Ausmaß, in dem der Sitzanteil tatsächlich mit dem Stimmenanteil korrespondiert, hängt jedoch von der verwendeten Verrechnungsformel und der Existenz von Prozenthürden ab. Eine geringe Wahlkreisgröße kann faktisch eine viel stärkere Zugangsbarriere für kleine Parteien darstellen als gesetzliche Prozenthürden.

Grabensystem:
Dies ist ein kombiniertes Wahlsystem, in dem ein festgelegter Teil der Parlamentssitze durch Mehrheits-, der andere durch Verhältniswahlsystem gewählt werden. Man spricht vom ,Graben' insofern, als diese beiden Komponenten, anders als z. B. bei der in Deutschland praktizierten personalisierten Verhältniswahl, nicht miteinander verknüpft sind, sondern die Sitze unabhängig voneinander verrechnet und auf die Parteien verteilt werden.

SNTV (Single Non-Transferable Vote)
Eine besondere Form des Mehrheitswahlsystems, bei der Wähler in einem Mehrpersonenwahlkreis weniger Stimmen haben, als es zu vergebende Sitze gibt.

EWK, 2WK, MWK:
Die Wahlkreisgröße spielt für die Auswirkungen von Wahlsystemen eine große Rolle. Die Mehrheitswahl kann in Einerwahlkreisen (EWK), Zweierwahlkreisen (2WK) oder Mehrpersonenwahlkreisen (MWK) durchgeführt werden. In der Regel verfügen die Wähler und Wählerinnen dabei über ebenso viele Stimmen wie Personen zu wählen, bzw. Sitze zu vergeben sind. Bei Verhältniswahlsystemen gibt der Wähler hingegen nur eine Stimme für eine Parteiliste ab, unabhängig davon, wie groß der Wahlkreis ist.

Für mehr Informationen vgl. Dieter Nohlen (2004), Wahlrecht und Parteiensystem, Opladen: Leske+Budrich.

ÜBERSICHTSKARTE DER ARABISCHEN WELT

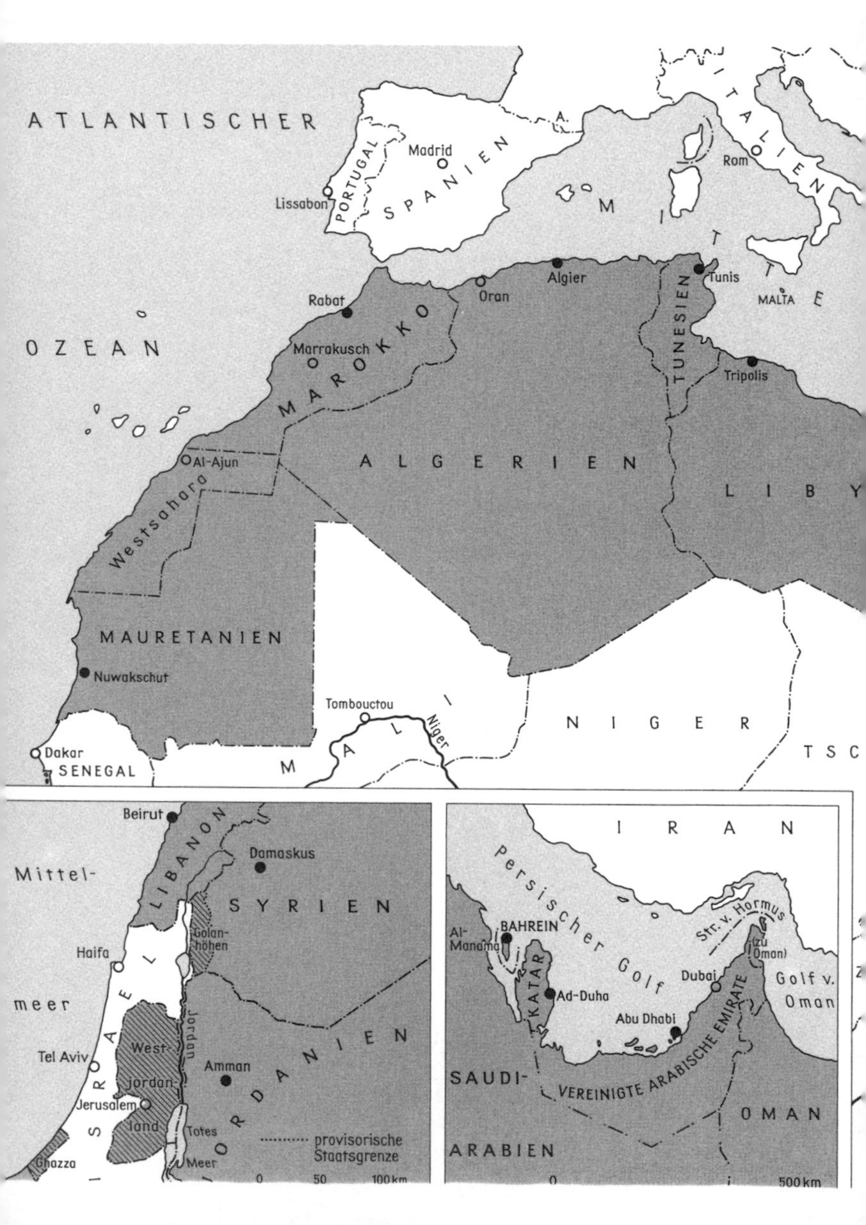

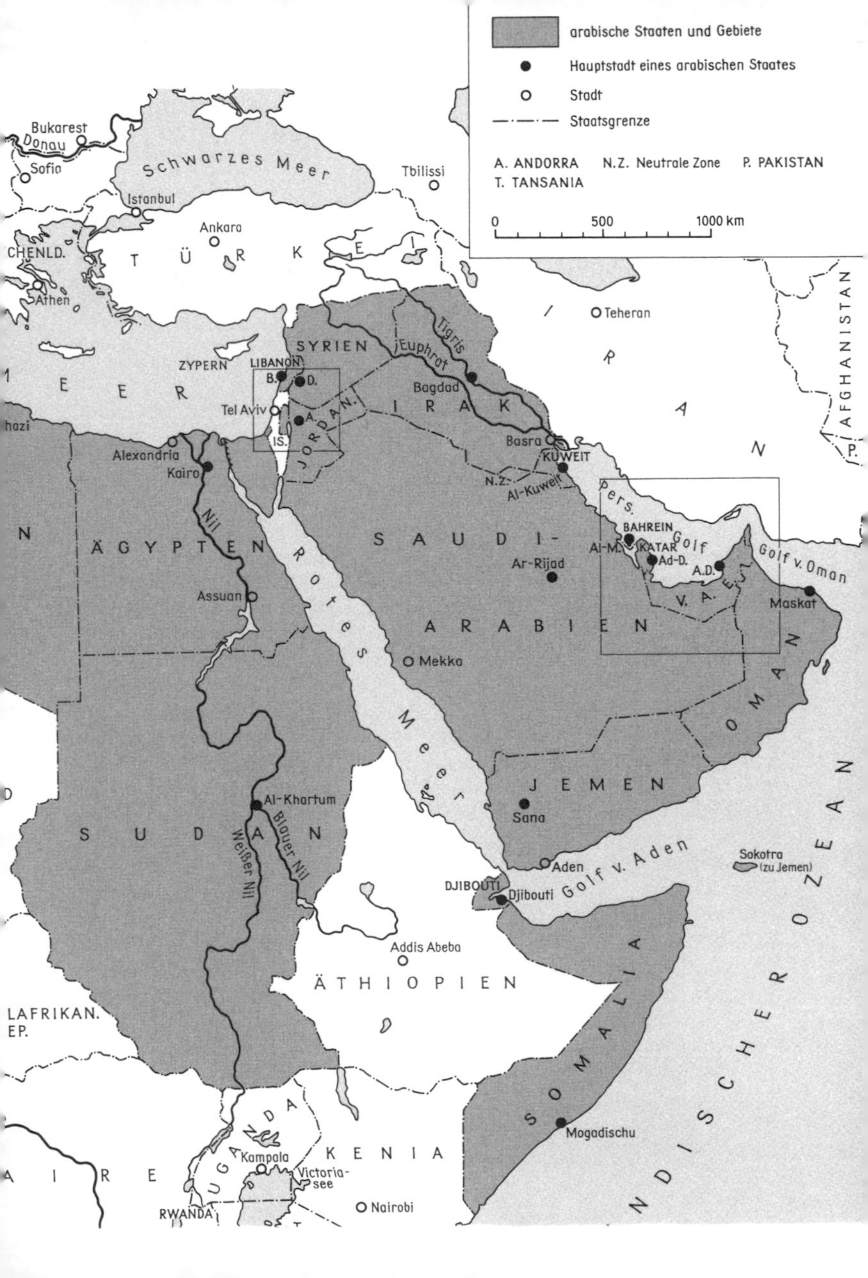

arabische Staaten und Gebiete
Hauptstadt eines arabischen Staates
Stadt
Staatsgrenze
A. ANDORRA
N.Z. Neutrale Zone
P. PAKISTAN
T. TANSANIA
0
500
1000 km
Bukarest
Donau
Sofia
Schwarzes Meer
Tbilissi
Istanbul
Ankara
CHENLD.
T Ü R K E I
Athen
Teheran
I R A N
AFGHANISTAN
SYRIEN
Tigris
Euphrat
ZYPERN
LIBANON
B.
D.
Bagdad
I R A K
Tel Aviv
A.
JORDAN.
IS.
Alexandria
Kairo
Basra
KUWEIT
N.Z.
Al-Kuweit
Pers. Golf
Nil
Ä G Y P T E N
Rotes Meer
S A U D I - A R A B I E N
BAHREIN
Al-M.
KATAR
Ad-D.
A.D.
Ar-Rijad
Golf v. Oman
V. A. E.
Maskat
Assuan
Mekka
O M A N
J E M E N
Sana
Al-Khartum
S U D A N
Weißer Nil
Blauer Nil
Aden
Golf v. Aden
Sokotra (zu Jemen)
DJIBOUTI
Djibouti
Addis Abeba
Ä T H I O P I E N
S O M A L I A
LAFRIKAN. EP.
UGANDA
Kampala
K E N I A
Victoriasee
Nairobi
RWANDA
Mogadischu
INDISCHER OZEAN

HECEAS | AKTUELLE DEBATTE | Band 02

Islamische Internationalisten

Strukturen und Aktivitäten der Muslimbruderschaft und der Islamischen Weltliga

Von Johannes Grundmann

2005. 12 x 16,8 cm. 120 Seiten, brosch., EUR 9,90 (978-3-89500-447-6)

HECEAS | AKTUELLE DEBATTE | Band 02

Hg. vom Heidelberger Centrum für Euro-Asiatische Studien

Seit dem 11. September 2001 erfahren vor allem die internationalen Aktivitäten der Muslimbruderschaft und der Islamischen Weltliga durch Medien und Öffentlichkeit mehr Aufmerksamkeit denn je. Beide Organisationen haben in jahrzehntelanger Arbeit Strukturen aufgebaut, die nicht nur in alle Regionen der islamischen Welt, sondern auch nach Europa und Amerika reichen. Die so entstandenen Netzwerke sehen sich derzeit dem Vorwurf ausgesetzt, weltweit (radikal-)islamistische Elemente finanziell zu unterstützen sowie humanitäre Hilfe und Bildungsprojekte bewusst zu propagandistischen Zwecken zu nutzen. Worauf nun basieren die Strategien der Muslimbruderschaft und der Islamischen Weltliga? Welche mittel- und langfristigen Ziele sollen auf internationaler Ebene erreicht werden und welchen Einfluss hat die weltpolitische Lage nach dem 11. September 2001 auf ihre gegenwärtigen und zukünftigen Aktivitäten? Im Mittelpunkt des Buches steht eine möglichst unverzerrte Darstellung von zwei zentralen, international aktiven islamischen Organisationen, die auf empirisch gewonnenen Fakten beruht. Gleichzeitig werden die komplexen Zusammenhänge, die internationale islamistische Aktivitäten auf lokaler, regionaler und internationaler Ebene charakterisieren, unter Berücksichtigung ihrer zahlreichen Querverbindungen umfassend analysiert. Mit Blick auf die notwendige Entwicklung adäquater politischer Konzepte des Umgangs mit den großen islamistischen Organisationen ist das Buch als Anregung zu weiteren systematischen Überlegungen zu verstehen.

Reichert Verlag Wiesbaden